法律実務ですぐ使える！

図解 まるわかり
遺産分割

弁護士 藤代浩則 [著]

学陽書房

はしがき

　本書は、遺産分割の実務について、図解も用いた見開きで簡潔に記した90項目からなります。これまでの様々な経験を踏まえ、知識とノウハウを解説しています。

　以前、お父さんの相続に関して相談を受けた方から「母が亡くなりました」との連絡がありました。

　事務所にて、現状をきちんと整理していくと、その方の戸惑いが少し消えたように思われ、最後には和らいだ笑顔を見せてくれたのが、何よりも励みになります。

　代理人弁護士がついていない相手方にこちらの遺産分割案を提示し理解を求める際には、言葉を慎重に選びます。提示するのは、できる限りお互いが最善であろう内容ですが、相手方の意見にも耳を傾け、考えます。

　数回のやり取りを経て合意し、遺産分割協議書を交わし終えると安堵します。別れ際に相手方から「困ったことがあったら私も相談していいですか」と聞かれ、「この件でなければいいですよ」と淡々と応じますが、それは嬉しい大きなひと言です。

　糀はひと粒でもお酒が造れるといいます。そのひと粒になれるよう暮夜 "ぽやぽや" しないで考え本書に著しました。

　相続迷子を出さないよう、お読みいただいた皆さまのお役に立てれば望外の喜びです。

令和6年　長月

藤　代　浩　則

目次 法律実務ですぐ使える！ 図解まるわかり遺産分割

第1章 遺産分割の実務ノウハウ
スムーズな分割につながる事件処理

0 遺産分割事始め ……………………………………………… 12

1 遺産分割成立のための3つのコツ ……………………… 14

2 法律相談から遺産分割成立までの流れ ……………… 16

3 遺産分割の際には期限に気をつけて ………………… 18

4 法律相談時に聴取すべき事項 ………………………… 20

5 相続関係図や事実関係をメモしよう ………………… 22

6 遺産分割協議において取り揃えておく資料 ………… 24

7 相続財産の正確な把握が遺産分割協議の第一歩 …… 26

8 相続人が行方（生死）不明の場合 …………………… 28

9 相続人に胎児がいる場合 ……………………………… 30

10 相続人に未成年者・被後見人がいる場合 …………… 32

11 相続人と称する者が現れた場合 ……………………… 34

12 相続当事者に外国人がいる場合 ……………………… 36

13 代襲相続が生じた場合 ………………………………… 38

14	数次相続が生じた場合	40
15	再転相続が生じた場合	42
16	受任時における確認・説明事項	44
17	相手方との交渉時には関心事項をよく聴く	46
18	戸籍の取り方は複雑・煩雑	48
19	家督相続に注意	50
20	祭祀財産は遺産分割の対象にならない	52

コラム1 仲良し姉妹、袂を分かつ!? ──── 54

第2章 共同相続と遺産共有
遺産分割完了まではどのような状態か

21	遺産分割するまで遺産はどのように管理されるか	56
22	賃貸物件の管理では修繕や家賃回収に注意	58
23	存在を忘れやすい貸金庫	60
24	相続人の一人が遺産である不動産を占有している場合	62
25	第三者が遺産である不動産を占有している場合	64
26	金銭債権など分割となる債権の扱い	66
27	預貯金の払戻手続	68
28	被相続人の債務の相続	70
29	現金は勝手に分けられない	72

30	使途不明金の扱い	74
31	葬儀費用	76
32	相続放棄	78
33	限定承認という選択もある	80

コラム 2 ペットだって遺言してほしい "わん！" 82

第3章 遺産分割
遺産をどのように分けていくか

34	遺産分割の概要	84
35	遺産はどのように分けていくのか	86
36	相続財産の調査は念入りに	88
37	遺産分割の方法（その1）	90
38	遺産分割の方法（その2）	92
39	遺産の評価方法はどのように決めるのか（不動産・動産）	94
40	遺産の評価方法はどのように決めるのか（金融資産）	96
41	死亡保険の受取りに注意	98
42	遺産分割協議が調わなければ調停にて解決	100
43	遺産分割協議に瑕疵があった場合	102
44	遺産分割協議に瑕疵があった場合の争い方	104
45	配偶者短期居住権	106

46	配偶者短期居住権の注意点	108
47	配偶者居住権	110
48	配偶者居住権の注意点	112
49	遺産分割協議書の書き方（事前準備）	114
50	遺産分割協議書の書き方（全体構成）	116
51	遺産分割協議書の書き方（分割の方法）	118
52	建物を共有分割で取得した場合の遺産分割協議書	120
53	相続分の譲渡	122
54	相続分の放棄	124
55	遺産分割協議後に遺言が出てきた場合	126
56	民事信託活用による遺産分散防止	128
57	小規模宅地等の特例	130
58	「負動産」の取扱いに注意①	132
59	「負動産」の取扱いに注意②	134
コラム3	乗っ取り事件簿	136

第4章　特別受益、寄与分、遺留分
分割に影響を与える特殊な要素

60	生前贈与があった場合等には特別受益を考慮する	138
61	特別受益が問題となるケース	140

62	特別受益の評価方法	142
63	寄与分	144
64	相続人以外の者が特別の寄与をしていた場合	146
65	遺留分	148
66	まずは財産を確定させる（遺留分算定その１）	150
67	遺留分を算定するための財産（遺留分算定その２）	152
68	遺留分侵害額請求（遺留分算定その３）	154
69	遺留分侵害額（遺留分算定その４）	156
70	事業承継を円滑に行うための遺留分に関する民法の特例	158
71	遺留分の放棄	160

コラム4 酒屋は"一子相伝"!? 162

第5章 つい見逃してしまう注意事例
初心者が注意すべき落とし穴

72	改正民法の知識をアップデートする	164
73	相続法と相続税法は混ぜるな危険	166
74	飛び道具にご用心	168
75	漁船の相続は超高速	170
76	孫を養子とした場合のルールは複雑	172
77	死亡の順番によっては代襲相続できない	174

78	特別受益者の範囲は広い	176
79	所有権移転登記はショートカットできる	178
80	遺産の無償使用が特別受益にあたる場合	180
81	遺産の無償使用に関するその他の問題	182
82	遺言執行者の存在を確認してから始めよう	184
83	遺産分割で得た土地に廃棄物が見つかることも	186
84	債権を相続したが債務者が破産した場合	188
85	代襲相続のせいで二度の相続放棄が必要	190
86	デジタル遺産を放置しない	192
87	デジタル遺産をきちんと調査する	194
88	保有期間までは引き継げない（株主番号が変わる!?)	196
89	非上場株式の相続は非常に非情	198
90	特殊な相続財産に気をつける	200
コラム5	5月5日に思ふこと	202

凡　例

　法令等の内容は、2024年9月現在施行のものによります。

　本文中、法令等を略記した箇所があります。次の略記表を参照してください。

【法律】

〈略記〉　　〈正式〉

家事法　　家事事件手続法

通則法　　法の適用に関する通則法

【資料】

〈略記〉　　〈正式〉

民集　　　最高裁判所民事判例集

集民　　　最高裁判所裁判集民事

民録　　　大審院民事判決録

判タ　　　判例タイムズ

判時　　　判例時報

家月　　　家庭裁判月報

金法　　　金融法務事情

【判例の略記】

　判例は以下のように略記して表記しています。

　〈正式〉最高裁判所判例令和元年8月9日最高裁判所民事判例集73
　　　　　巻3号293頁

　〈略記〉最判令和元年8月9日民集73巻3号293頁

第1章

遺産分割の
実務ノウハウ

スムーズな分割につながる事件処理

0 遺産分割事始め

◆遺産分割事件とは

　遺産分割とは、被相続人が死亡時に有していた財産の帰属先を確定させる手続です。その手続において被相続人の遺志に適うよう、相続人全員が公平になるよう、助言あるいは利害関係を調整するのが弁護士です。

◆遺産分割事件のやり甲斐

　相続は利害関係者が複雑に絡み、事案も多岐にわたります。相続人確定のために被相続人の出生から死亡に至るまでの戸籍謄本を全て取り寄せるなどの煩雑な手続、慣れないと大混乱を極める代襲相続、何代にも遡って行わなければならない数次相続や、行方不明の相続人の調査、外国に移住した人がいれば現地大使館に問合せなど、法定相続分に従って遺産を分けるだけではありません。

　さらに、相続放棄までの熟慮期間や相続税の申告・納付期限も定められているため、他の事件以上に時間に追われることもあり、遺産分割事件を担当していると思わずため息が出そうになります。

　しかしながら、遺産分割が無事成立した時の相続人皆さんのほっとした笑顔を見ると受任した弁護士として大変励みになります。

　本書は遺産分割を早期円満に成立させるために最低限必要な90項目を図解付きの見開きで説明しています。さらに枝葉を伸ばして解説し、その先の回答も得られるように工夫しました。ツルもありどこかに摑まれますので、複雑事案解決の手掛かりとなります。"一知半解"がたちどころに"格物致知"にパワーアップします。まずは、右頁イロハをご参照ください。

✅ 遺産分割を早期に成立させるためのイロハ

イ　相続人の範囲の確定作業を見える化する

> 被相続人の戸籍謄本取り寄せ

> 相続関係図作成

> 相続人漏れを防ぐ

ロ　相続財産の一覧表を作成する

> 不動産、預貯金、借入金関係の書類などを取り寄せ

> 相続財産の一覧表を作成

> 相続財産全体を把握

> ・遺産分割の原案作成に役立つ
> ・相続放棄や相続税申告の要否、遺留分侵害の有無判断の目安に

ハ　早い段階で遺産分割協議書案を依頼者に提示する

> 相続人の範囲を確定

> 相続財産の全容を確認

> 早い段階で遺産分割協議案を作成、依頼者に提示

> 依頼者の不安が和らぐ。相手方との交渉も円滑に

1 遺産分割成立のための 3つのコツ

◆ 3つのコツ

遺産分割を早期に成立させるためのイロハは前項で説明した通りですが、それを実践するためのコツは次の3つです。

①相続人と相続財産を正確に調査する

②預貯金残高や不動産の価格、財産目録といった必要な情報は相続人全員に開示し、共有する

③依頼者のみならず相手方である他の相続人（以下、「相手方」とします）の希望もよく聴く

◆ 相続人と相続財産を正確に調査する

遺産分割を成立させるためには、相続人を確定し、また遺産分割の対象となる相続財産を漏れなく把握する必要があります。そのためにもまず最初にこれらの正確な調査が求められます。

◆ 必要な情報は相続人全員と共有する

相続人としては相続財産がどの程度あり、また相続税が課されるのかどうかに関心があります。さらに、財産の概要がわからなければ分割方法も決まりません。そのため、相続人全員に必要な情報を共有することが早期に遺産分割を成立させるための最低限のポイントです。

◆ 依頼者のみならず相手方の希望もよく聴く

遺産分割協議書を相手方に提案する前に、どのような分割を求めているのかをまずは依頼者から聴き出す必要があります。その後、提案にあたっては、相手方の意見もできるだけ取り入れて、遺産分割協議を円満に成立させるために全体をコーディネートすることが大切です。

☑ 遺産分割成立のための3つのコツ

◎コツ1　正確な調査

戸籍謄本・
住民票の取り寄せ

預貯金・不動産関係資料
の取り寄せ

⇩　　　　　　　　　　　　　　⇩

| 相続人の確定 | 相続財産の確定 |

◎コツ2　必要な情報の共有

依頼者からの情報　　相手方からの情報　　弁護士側が収集した情報

⇩　　　　　　　　⇩　　　　　　　　⇩

| 相続人全員への情報の共有 |

⇩

| 遺産分割協議成立 |

◎コツ3　相手方の希望も聴いてコーディネート

依頼者の意見 ⟵―――――――――⟶ 相手方の意見

⇩

| 意見調整 |

| 弁護士からの提案・アドバイス |

⇩

| 遺産分割協議成立 |

第1章　遺産分割の実務ノウハウ──スムーズな分割につながる事件処理……15

2 法律相談から 遺産分割成立までの流れ

◆ 法律相談～受任まで

　まず、法律相談時には、相談者に、相談者の戸籍謄本・住民票、相続関係図、遺産の一覧表、遺言書などを持参するようお願いをしてください。また、事実関係を整理しておいてもらえると、相談がスムーズに進みます。

　相談の結果、受任する際には、依頼者の意向も踏まえてある程度の方針や見通しを示すようにし、また、相続手続に関する期限を意識しましょう。

◆ 受任～遺産分割協議まで

　相続人と相続財産の調査は、遺産分割協議に向けての最低限必要な準備ですので、早期に取り掛かって丁寧な調査をするよう心掛けてください。様々な期限【⇨**3**参照】があるため、時間のロスは避けたいところです。

　相続人が確定し、相続財産も確定したら、遺産分割協議に向けた準備に入ります。

◆ 遺産分割協議～遺産分割成立

　依頼者の一方的な主張のみを押し通しても協議はまとまりません。相手方の意見も聴き、場合によってはその意見も反映させた上で、意見を摺り合わせて協議がまとまるようコーディネートしてください。

　遺産分割協議が物別れに終われば、その後は家庭裁判所による遺産分割調停に委ねざるを得ません。調停も不成立となった場合は、審判や訴訟の手続へと移行します【⇨**35**参照】。

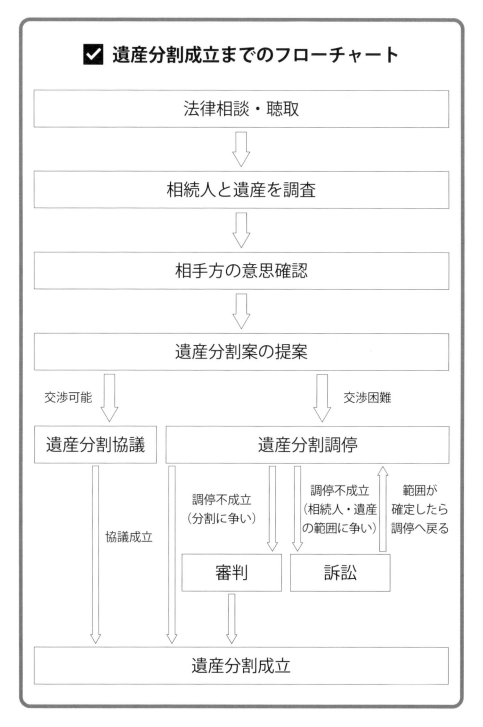

3 遺産分割の際には 期限に気をつけて

◆相続手続には期限がある

遺産分割協議を成立させるためには、時間も手間も掛かります。また、各手続には期限があります。超過すると相続税に延滞税が加算されるなど、依頼者が不利益を被ることがあります。

◆様々な期限

まず、単純承認をするのか、相続放棄をするのか限定承認をするのかについて、原則として相続開始後3か月以内に家庭裁判所に所定の手続を取る必要があります（民法915条1項）【⇨**32** **33**参照】。この期間を「熟慮期間」といいます。

次に、相続税の申告・納付は、被相続人が死亡したことを知った日（通常の場合は、被相続人の死亡の日）の翌日から10か月以内に行う必要があります（相続税法27条1項、33条）。

遺留分侵害額請求については、遺留分の侵害を知った日から1年以内に侵害した受遺者や受贈者に対してしなければなりません（民法1048条）【⇨**68**参照】。

また、相続等により不動産を取得した相続人は、その所有権を取得したことを知った日から3年以内に相続登記の申請を行う必要があります（不動産登記法76条の2第1項）。

「特別受益の持戻し」や「寄与分」の主張については、原則として相続開始の時から10年以内にしなければなりません（民法903条～904条の3）。

☑ 相続に関する様々な期限

相続開始 → **被相続人の死**
- 死亡届等の諸手続（銃砲刀剣類の登録届 20 日以内）、
 （漁業権相続 2 か月以内）
- 相続に関する調査（相続人、遺産等）
- 遺言書の有無確認

3 か月以内 → **相続放棄・限定承認の熟慮期間**
- 被相続人の遺産確認
- 遺産分割協議

4 か月以内 → **被相続人の準確定申告**
- 遺産分割協議成立
- 遺産分割に伴う銀行等の手続、不動産登記手続
- 相続税申告書作成・納付準備

10 か月以内 → **相続税の申告・納付**

1 年以内 → **遺留分侵害額請求**

3 年以内 → **相続登記申請**
- 小規模宅地等の特例を利用するための
 遺産分割期限は 3 年 10 か月以内 【⇨**57**参照】

10 年以内 → **「特別受益の持戻し」「寄与分」の主張期限**

以降は法定相続分又は指定相続分による画一的な遺産分割

4 法律相談時に聴取すべき事項

◆ 法律相談時の心掛け

　相談者を前にしたら、「問題点は何か」「どのように解決を図るべきか」を常に意識しなければなりません。そのためには、予め聴くべき事項を頭に入れて、相談者の話を整理していく必要があります。

◆ 聴取すべき事項

　一つ目は、相続関係です。相談者は被相続人の子なのか、配偶者なのかといった「被相続人との関係」、相談者の他に相続人はいるのかという「相続人の存在」を確認します。

　二つ目は、被相続人の死亡年月日です。相続放棄・限定承認の熟慮期間や特別受益・寄与分あるいは遺留分侵害額請求といった後の手続の検討や相続税申告期限に影響があります。

　三つ目は、相談者の希望です。相続に関する相談では、「そもそも手続がわからない」「他の相続人と揉めている」など様々な事情があります。丁寧に聴き出しましょう。

　四つ目は、遺言書の有無です。遺言書があれば原則としてそれに従って遺産分割をすることになります。

　五つ目は、遺産の概要です。遺産の代表例である、「預貯金」「不動産」「有価証券・投資信託」について確認します。

　六つ目は、負債の有無です。遺産に対して借金や滞納している税金などの負債が多い場合には、相続放棄についても検討することになるので、遺産の確認時に併せて聴き出すようにしてください。

✅ 「問題点」「解決方法」を意識しながら聴取する

◎法律相談での聴取事項
① **相続関係**
　相談者と被相続人との関係は？
　他に相続人はいるのか？
② **被相続人の死亡年月日**
　熟慮期間、遺留分侵害額請求、相続税申告などの期限厳守のため
③ **相談者の希望**
　相続を希望しているのか？
　どのような分割を希望しているのか？
④ **遺言書の有無**
　遺言書はあるのか？
　自筆証書遺言の場合には、開封させずに家庭裁判所にて検認手続
⑤ **遺産内容の確認**
　できれば預貯金通帳や不動産登記簿謄本などで確認
⑥ **負債の有無**
　⑤と比べて債務超過の疑いがあれば相続放棄を説明

5 相続関係図や事実関係をメモしよう

◆複雑な事案では必ず相続関係図を作る

　相続人が2～3人程度であれば相続関係図の作成はそれほど必要ではありませんが、代襲相続【⇨**13**参照】、数次相続【⇨**14**参照】、あるいは先順位者が相続放棄をしていたなど相続関係が複雑になる事案では相続関係図を作ってください。また、相続人が少なくても、相続関係図を作成した上で、相続人間の事情や相手方に何を求めたいのかをその図に書き込めば、その後の遺産分割案や相続関連の手続のための手控えになります。

◆相続関係図の作成方法

　相続関係図の作成方法には特に決まり事はありませんが、相続に関する解説書や学習者向けのテキストでよく使われている例などを参考にして作るとよいと思います。右頁に一般的に使われている記号を使った簡単な図を紹介します。

◆時系列に沿って話を聴く

　相続は被相続人の出生から死亡までに生じた様々なことが関わってきます。漫然と被相続人の生前の行為を聴くよりも、時系列に沿った方が、聞き漏らしや相談者の言い忘れを防げます。

◆不動産の利用状況についても図示化する

　不動産が共有名義や賃貸借物件であった場合には、図示化しておけば遺産分割を検討する際に有用です。また、居住目的の不動産の名義方法によっては、配偶者居住権や配偶者短期居住権が利用できない可能性もありますので、やはり図示化しておくことをお勧めします。

☑ 相続関係図のメモの例

◎記号のルールの例
- 女性を○で示す。
- 男性を△で示す。
- 婚姻関係を＝（二重線）で示す。
- 親子関係を―（実線）で示す。

◎一般的な場合

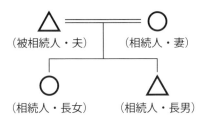

◎離婚前後で子がいる場合

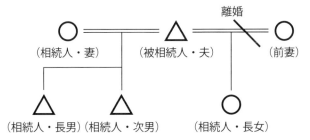

◎養子の場合

6 遺産分割協議において取り揃えておく資料

◆ 資料の必要性

　遺産分割協議や遺産分割調停を進めて行く上では、その前提となる資料が必要となります。詳細は右頁を参照ください。

　主な資料について、以下簡単に説明します。

　被相続人関係では、相続人を確定するために、被相続人の出生から死亡までの戸籍謄本等が必要となります。また、相続人確定のためには、相続人の戸籍謄本等が必要となります。

　遺産関係では、不動産がある場合は、所在や価格を確認するために、不動産登記簿謄本や固定資産評価証明書が必要です。預貯金の残高を確認するために、預貯金通帳や金融機関が発行する残高証明書が、死亡保険金額や保険金受取人が誰なのかを確認するために、保険証券が必要となります。また、被相続人が入院していた場合には入院費用などを精算することになりますので、病院等発行の請求書・領収証が必要です。

◆ 戸籍は必ずチェックすること

　被相続人の出生から死亡時までの戸籍を全て取り寄せたら、必ず戸籍の連続性と相続人の有無や範囲を確認してください。

　離婚歴がある場合は注意が必要です。離婚した場合に婚姻前の戸籍に戻ることがあります。子がいても離婚したときに親権者にならないと、あるいは親権者であっても「氏の変更手続」をしないと、離婚後の戸籍に子は記載されません。そのため子の存在を見落としてしまうことがあります。被相続人に離婚歴がある事例では、取り寄せた戸籍を精査し、子の有無を必ず確認するようにしてください。

☑ 主な必要書類のリスト

◎相続関係

名称	内容	申請先
戸籍全部事項証明書	平成6年以降にコンピュータ化した「戸籍謄本」	本籍地の市区町村
改製原戸籍謄本	上記コンピュータ化する前のもの、その他法改正等により新様式に書き換えられる前の「戸籍謄本」	同上
除籍全部事項証明書 除籍謄本	一戸籍内の全員が、婚姻、死亡などにより当該戸籍から除かれた戸籍	同上
戸籍個人事項証明書 戸籍抄本	戸籍事項の各人に関わる事項が記載されたもの	同上
戸籍附票	当該戸籍に記載されている者の住所変更履歴が記載されたもの	同上
住民票	住所、世帯を証明するもの	住所地の市区町村
住民票除票	転居や死亡により住民票から除かれたことを証明するもの	同上

◎不動産関係

名称	内容	申請先
不動産登記簿謄本	所有者、抵当権その他の登記事項が記載されたもの	不動産を管轄する地方法務局
固定資産評価証明書	不動産所在地の市区町村による当該不動産に対する評価額を記載した証明書	不動産所在地の市区町村
固定資産税納付通知書	毎年4月頃に不動産所在地の市区町村から所有者宛に送付される固定資産税納付に関するお知らせ	同上
名寄帳	課税対象になっている土地や家屋を所有者ごとに一覧表にまとめた書類	同上

◎自動車

名称	内容	申請先
自動車検査証 又は 登録等事項証明書	自動車に関する登録事項を記載した証明書	最寄りの運輸支局又は自動車検査登録事務所
自動車検査証 又は 検査記録事項等証明書	軽自動車に関する登録事項を記載した証明書	最寄りの軽自動車検査協会事務所

◎船舶

名称	内容	申請先
登録事項証明書	船舶原簿に記載されている事項を証明するもの	船籍港の運輸局
（小型船舶）登録事項証明書	総トン数20トン未満の船舶 小型船舶登録簿に記載されている事項を証明するもの	日本小型船舶検査機構
（漁船）登録事項証明書	漁船登録簿に記載されている事項を証明するもの	登録先の都道府県

7 相続財産の正確な把握が遺産分割協議の第一歩

◆相続財産を正確に把握する

　被相続人が遺した財産を正確に把握しなければ遺産分割協議の基礎が築けないだけでなく、相続放棄も判断できない上、相続税がどの程度になるのかもわかりません。

◆相続財産の整理方法

　相続財産には、財産的価値のある「プラスの財産」と、借入金など負債となる「マイナスの財産」とがあります。また、相続財産には含まれませんが、相続税申告時に課税対象となる「みなし相続財産」といわれるものもあります。

①プラスの財産（主なもの）

　不動産→宅地、建物、借地権、農地、山林など

　金融資産→現金、預貯金、株式、国債、出資金、投資信託など

　デジタル資産→暗号資産（仮想通貨など）

　動産類→自動車、船舶、貴金属、宝石、絵画、骨董など

　その他→ゴルフ会員権、リゾート会員権、知的財産権（著作権、特許権など）、漁業権など

②マイナスの財産（主なもの）

　借入金→住宅ローンなどの金融機関からの借入金など

　未払金→クレジットカードの未決済分、未納の税金、医療費・入院費など

③みなし相続財産

　死亡保険金＊（死亡給付金、死亡一時金を含む）、死亡退職金＊

　　＊　取得金額全額ではなく、非課税額を控除した残額

✅ 相続財産を正確に把握する

①プラスの財産

現金・預貯金　　　自宅　　　　自動車　　など

②マイナスの財産

銀行からの借入金　　未納の税金　　未納の医療費　など

③みなし相続財産

死亡保険金・死亡退職金　　　　　　など

相続財産＝〔①－②〕＋③
　①＜②のときは、相続放棄を要検討

8 相続人が行方（生死）不明の場合

◆ 相続人が行方不明の場合

　所在不明相続人が行方不明の場合、「不在者」として所定の手続を進めていくことになります。不在者が財産の管理人を置いていない場合、他の相続人は、遺産分割協議を行うために、利害関係人という立場で家庭裁判所に不在者財産管理人の選任を求めることになります（民法25条1項、家事法39条）。

　不在者財産管理人が選任されると、その者と共に遺産分割協議を行っていくことになります。なお、遺産分割協議を成立させるためには家庭裁判所の「権限外行為許可」が必要です（民法103条、28条、家事法39条）。

◆ 相続人が生死不明の場合

　相続人中に不在者がいて、しかもその不在相続人の生死が不明の場合には、失踪宣告の申立てを検討する必要があります（民法30条）。

　失踪宣告の結果として、失踪宣告を受けたものは死亡したものとみなされますので、その失踪宣告者について相続が開始されます（民法31条）。失踪者に相続人がいれば、その者が遺産分割協議の当事者となることができます。

　相続人があることが明らかでないときは、申立てを受け、家庭裁判所で選任された相続財産清算人が遺産分割協議の当事者となります。

　不在者財産管理人と同様に、相続財産清算人が遺産分割協議を成立させるためには家庭裁判所の権限外行為許可が必要です（民法953条、28条、家事法203条1号）。

☑ 相続人が行方（生死）不明の場合の実務対応

◎相続人が行方不明の場合

申立人（他の相続人） ──────①不在者財産管理人選任の申立て──────→ 家庭裁判所
・不在者の確認
・不在者の財産確認

不在者財産管理人 ←──────
②不在者財産管理人の選任・
権限外行為許可

③協議

↓

遺産分割協議成立

◎相続人が生死不明の場合

申立人（他の相続人） ──────①失踪宣告申立て──────→ 家庭裁判所

生死不明の相続人 ←──────
②失踪宣告

相続財産清算人 ←──────
失踪人に相続人がいるか不明の場合
③相続財産清算人の選任・
権限外行為許可

④協議

↓

遺産分割協議成立

第1章　遺産分割の実務ノウハウ──スムーズな分割につながる事件処理……29

9 相続人に胎児がいる場合

◆胎児と遺産分割協議

　相続人は、被相続人死亡時に生存していることが必要です。そうすると「胎児」は、被相続人死亡時には生存していませんので、相続人には該当しないことになってしまいます。

　しかしながら、例えば「胎児」の兄弟姉妹は父親の財産を相続できますが、その後に生まれた子は同じ子でありながら、相続財産を取得できないという不合理なことにもなります。この不合理な結果を回避するために、民法は、「胎児は、相続については、既に生まれたものとみなす。」と規定して、相続の場合には「胎児」を特別に生まれたものとみなして相続権を保障しています（民法886条1項）。これを「出生擬制」といいます。

　相続に関しては出生擬制がありますので、遺産分割の当事者に「胎児」がいる場合は、その出生を待たずに遺産分割協議をしてしまうと、「胎児」が生きて生まれれば、その胎児は相続開始時には相続人として存在していたという扱いとなりますので、相続人の一部を欠いたものとして無効となってしまいます。

◆遺産分割協議で母親が胎児の法定代理人となれるか

　判例（大判大正6年5月18日民録23輯831頁）によれば、胎児は生きて生まれて初めて相続開始時に遡って権利能力者となりますので、胎児中は権利能力がない（本人が存在しない）ことになります。したがって、母親が胎児の法定代理人になることはできません。

　以上のことから、相続開始時（被相続人死亡時）において「胎児」がいる場合には、生まれるのを待ってから遺産分割協議をする必要があります。

☑ 相続人に胎児がいる場合の遺産分割協議

◎遺産分割の流れ

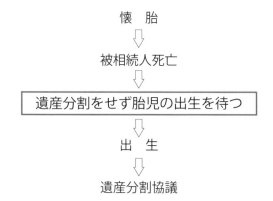

◎母親は胎児の法定代理人にはなれない

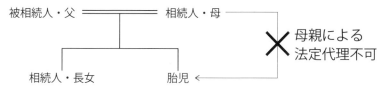

◎胎児出生後、母・長女・次女3人で遺産分割協議をする

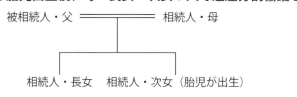

※ただし、胎児には特別代理人を選任する必要あり【⇨10参照】

10 相続人に未成年者・被後見人がいる場合

◆相続人に未成年者・被後見人がいる場合

　相続人に未成年者がいる場合、その法定代理人である親権者が未成年者に代わって遺産分割協議を行います（民法824条）。

　相続人に被後見人がいる場合は、成年後見人が被後見人の法定代理人として遺産分割協議を行います。なお、民法には、成年後見制度と同様に本人保護のために、保佐人制度や補助人制度があります。保佐人や補助人が遺産分割協議を行う場合には、家庭裁判所の審判において代理権を別途付与してもらう必要があります。

◆特別代理人を選任する必要がある場合

　親権者と未成年者とが共同相続人である場合、親権者が未成年者の代理人として遺産分割協議を行うことは、親権者の「利益相反行為」になりますので、特別代理人を選任する必要があります（民法826条1項）。

　親権者と未成年者が共同相続人ではないものの、親権者を同じくする複数の未成年者が相続人である場合はどうでしょうか。例えば、未成年者が2人の場合、親権者が2人の代理人となると、未成年者間で利益相反が生じます。よって、うち一人について特別代理人を選任する必要があります（民法826条2項）。なお、成年後見人と被後見人との間で利益相反したときも同じです。

◆特別代理人を選任せずに遺産分割協議をした場合

　利益相反行為は無権代理行為となりますので、未成年者が成年に達した後で追認しなければ、その遺産分割協議の効力は成年に達した未成年者には及びません（民法113条、116条）。

✅ 相続人に未成年者・被後見人がいる場合

◎被保護者と代理人

被保護者	保護者	遺産分割協議の代理権
未成年者	親権者	法定代理
被後見人	成年後見人	法定代理
被保佐人	保佐人	代理権付与必要
被補助人	補助人	代理権付与必要

◎親権者と未成年者が共同相続人である場合は利益相反となる

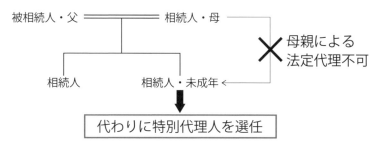

◎親権者は複数の未成年者の代理人にはなれない

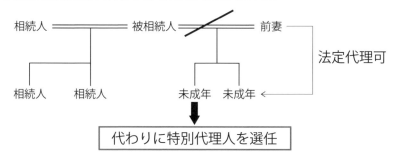

11 相続人と称する者が現れた場合

◆ 遺産分割協議の当事者に関する争い

　共同相続人全員が揃って遺産分割協議をしたと思って安心したところに「相続人」と称する者が現れる場合があります。主な例としては次のような場合です。

　①相続開始後に認知を受けた場合

　②離婚や離縁が無効であるとして、離婚等の前の地位（例えば妻）に基づいて相続人であることを主張してくる場合

　③婚姻や養子縁組の無効を主張して、後順位者が相続人であると主張してくる場合

　①の場合、他の共同相続人間において遺産分割協議を成立させて当該遺産を処分してしまったときは、価格のみによる支払いの請求権を有するとされています（民法910条）。

　②の場合、その者を除いて成立させた遺産分割協議は無効となってしまいます（最判昭和54年3月23日民集33巻2号294頁）。

　③の場合、争いが具体的になっているにもかかわらず遺産分割協議を進めてしまうと、後に無効となってしまうことがあります。

◆ 遺産分割調停における取扱い

　上記のうち、被相続人との親子関係の存否は、遺産分割における相続人の範囲に関する問題であり、当事者が任意に処分することができず、合意をもとに調停を進めることはできません。

　したがって、人事訴訟（「親子関係存否確認の訴え」）によって終局的な解決を図った上で、改めて遺産分割の手続をする必要があります。そのため遺産分割調停では、係属中の調停を取り下げて、人事訴訟の提起をするよう促されます。

☑ 相続人の地位が問題となるケース

◎主な例と争われるパターン

　相続開始後の認知の場合
　⇨ 認知を受けた者から他の共同相続人に対して価格支払請求（民法910条）

　離婚・離縁無効の場合
　⇨ 離婚等が無効であることを理由に遺産分割協議分割の無効を主張

　婚姻・養子縁組無効の場合
　⇨ 婚姻等が無効であることを理由に後順位者が遺産分割協議の無効を主張

◎争われた場合の手続の流れ

調停

⇩

相続人の地位に関して争点化

⇩

調停取下げ

⇩

人事訴訟による解決

　例：親子関係存否確認の訴え
　　　認知の訴え
　　　父を定める訴え　　　　など

12 相続当事者に外国人がいる場合

◆ 日本法が適用されるのか？

　相続当事者に外国人がいて、外国法が関係する渉外事件の場合は、法の適用に関する通則法によることになります。通則法36条に「相続は、被相続人の本国法による。」と規定されています。したがって、被相続人が日本人であれば日本法が適用され、外国人であればその外国人の本国法が適用されることになります。

　他方で、通則法41条では「当事者の本国法によるべき場合において、その国の法に従えば日本法によるべきときは、日本法による。」と規定されています。これを「反致」といいます。

　このように、相続当事者に外国人が含まれている場合には、本国法を調査する必要がありますので、必ず準拠法となる法令の調査をするようにしてください。

　相続準拠法については、全ての相続関係を統一的に被相続人の本国法又は住所地法によって規律する国（相続統一主義）と相続財産の種類及びその所在地によって別個に規律する国（相続分割主義）とがあります。

　遺産分割調停については、相手方の住所が日本国内にあるときは日本の裁判所に管轄権があります（家事法3条の13第1項2号）。

◆ 外国人が含まれている場合の相続人調査

　戸籍制度は日本独特のものです。韓国では2007年以前であれば戸籍謄本、2008年以降は家族関係証明書があるなど、国毎に扱いを異にします。当事者の国籍国の在日大使館・領事館に問い合わせて確認してください。

36

☑ 被相続人が外国人の場合の適用法の考え方

準拠法令調査（通則法 36 条）

↓

反　致（通則法 41 条）

（あり）　　　　　　　　（なし）

↓　　　　　　　　　　　↓

準拠法：日本法　　　　　準拠法：本国法

2 パターンに分かれる

相続統一主義　　　　　　相続分割主義
（韓国、台湾など）　　　（米国・英国・中国など）

相続財産毎に対応
2 パターンに分かれる

所在地法で規律　　　　　本国法で規律

↓　　　　　　　　　　　↓

　　　　　　　　　　　　準拠法：本国法

↓　　　　　　　　　　　↓

財産の所在地が日本の場合　　国外資産

↓　　　　　　　　　　　↓

準拠法：日本法　　　　　準拠法：本国法

13 代襲相続が生じた場合

◆ 代襲相続とは

　民法においては、相続順位が決められています。先順位の相続人が死亡、相続放棄、欠格、廃除によっていない場合には、次順位の相続人に相続権が生じることになっています。

　しかしながら、相続開始以前に相続人となるべき子が死亡しているときは、その子のさらに子（被相続人から見ると孫）がいれば、その子が相続人となります（民法887条2項）。この場合の相続を「代襲相続」といいます。

　代襲相続の根拠として、以下のものが考えられています。

①親である相続人を通じて相続利益を受ける子の利益の保障

②相続人間の公平

③相続に対する期待の保護

④親を若くして亡くした場合の生活保障

　代襲原因は、相続開始前の死亡の他に相続欠格と相続廃除があります。相続放棄は対象外です。代襲される者は、被相続人の子及び兄弟姉妹に限られます（民法887条2項、889条2項）。

◆ 代襲相続の効果

　代襲相続では被代襲者の相続順位に従って、被代襲者の相続分を得ることになります（「株分け」。民法901条）。

　また、複数の代襲相続人間の相続分は平等です（民法900条4号）。

✅ 代襲相続

◎代襲相続の基本パターン（B死亡後に、A死亡〈相続開始〉）

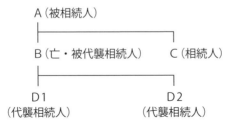

◎兄弟姉妹による相続のパターン（D2、C死亡後にA死亡）

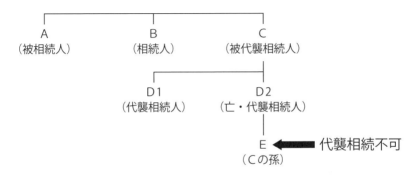

◎代襲相続が生じた場合の相続分

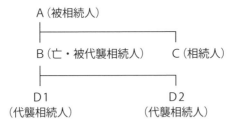

⇒ D1：D2：C ＝ 1：1：2 （Bの1/2はD1とD2で株分け）

14 数次相続が生じた場合

◆数次相続とは

「数次相続」とは、遺産分割などの相続に関する手続が終わらないうちに、相続人が死亡し、次の相続が始まることをいいます。相続人が被相続人より先に死亡しているときに、その相続人の子が相続する「代襲相続」とは異なります。また、後に紹介する「再転相続」【⇨15参照】とも異なります。

◆数次相続の範囲

代襲相続については、民法で範囲が定められていますが（民法887条2項、889条2項）、数次相続の範囲については定めがありません。

◆数次相続と熟慮期間

熟慮期間は「自己のために相続の開始があったことを知った時から3箇月」と規定されています（民法915条1項）。

数次相続の場合、一次相続についても、二次相続について「自己のために相続の開始があったことを知った時から3箇月」から起算できます。一次相続の相続放棄については、二次相続の熟慮期間内であれば可能です。

◆数次相続における相続放棄

数次相続の場合、相続人は一次相続の被相続人の遺産と二次相続の被相続人の遺産の両方を承継できます。二次相続のみを承認して、一次相続を放棄することもできます。しかしながら、二次相続を放棄して、一次相続を承認することはできません。

✅ 数次相続

◎数次相続の基本パターン

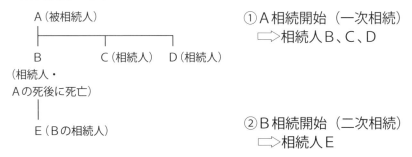

① A相続開始（一次相続）
　⇨相続人B、C、D

② B相続開始（二次相続）
　⇨相続人E

◎兄弟姉妹による数次相続

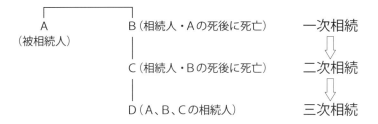

◎一次相続を承認して、二次相続を放棄することはできない

OK

　一次相続を放棄　⇨　二次相続を承認

NG

　一次相続を承認　⇨　二次相続を放棄

15 再転相続が生じた場合

◆ 再転相続とは

「再転相続」とは、当初の相続（一次相続）における相続人が相続承認・放棄の熟慮期間中（民法915条）に、単純承認や相続放棄をすることなく死亡し、次の相続（二次相続）が始まる状態をいいます。例えば、祖母Aが死亡して父親Bが相続（一次相続）し、父親Bが相続を承認するか放棄するかを決める前に父親Bが死亡し、子Cが相続（二次相続）した場合が「再転相続」に該当します。

◆ 再転相続と熟慮期間

熟慮期間は「自己のために相続の開始があったことを知った時から3箇月」と規定されています（民法915条1項）。

再転相続の場合、一次相続についても「二次被相続人の死亡を知ってから3箇月」とすると、自分に再転相続が発生していることを知らないことがあり得ます。このような二次相続人の不利益を考慮して、最高裁は「一次相続の相続人となったことを知ってから3箇月」以内であれば、一次相続に関しても相続放棄ができると判決しました（最判令和元年8月9日民集73巻3号293頁）。

再転相続の場合、一次相続と二次相続のそれぞれについて、放棄か相続かが自由に選べるわけではありません。

(1)認められる場合

　①一次相続と二次相続のどちらも単純承認

　②一次相続と二次相続のどちらも相続放棄

　③二次相続のみ単純承認、一次相続は相続放棄

(2)認められない場合

　二次相続を放棄、一次相続のみ単純承認

42

✅ 再転相続

◎**再転相続＝熟慮期間中に次の相続が始まる状態**

◎**再転相続の熟慮期間**

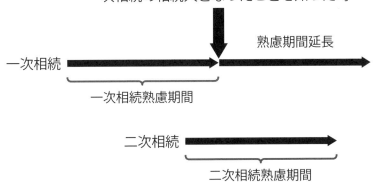

◎**一次相続を承認して、二次相続を放棄することはできない**

OK

　　一次相続を相続放棄　⇨　二次相続を単純承認

NG

　　一次相続を単純承認　⇨　二次相続を相続放棄

16 受任時における確認・説明事項

◆ 受任時に確認すべきこと

受任が決まったら依頼者に対して以下の点について確認・説明をしておくべきでしょう。

①当事者の確認

②遺言書の有無の確認

③相続財産の確認

④遺産分割協議に対する依頼者の希望の確認

⑤簡潔に方針の説明

⑥費用の説明

⑦相続税の説明

◆ 確認と説明時の注意点

予め相続人の人数や被相続人との続柄を知っておけば、遺産分割案の枠組みを組み立てることができます。遺言書があれば、原則としてその遺言書に従って遺産分割することになります。また、相続財産の全容がわからなければ、遺産分割協議の枠組みすら立てられなくなります。債務超過の場合には相続放棄も検討しなければなりませんので、相続財産の確認は最重要です。

依頼者の代理人として遺産分割協議を進めていきますので、依頼者の希望を聴いておかなければなりません。また、他の相続人の考えがわかるようであれば聴いておくことをお勧めします。方針の説明は重要ですが、最初から複雑な話をすると依頼者が誤解したりする可能性もありますので、簡潔な説明をするよう心掛けてください。

費用や相続税について関心のある依頼者が多いので、最低限のことは説明できるように準備しておく必要があります。

☑ 受任時における確認・説明事項

◎当事者の確認

死亡年月日、相続人の所在と関係

◎遺言書の有無

遺言書原本の確認。公証役場・遺言書保管所で検索

◎相続財産の確認

預貯金通帳、不動産登記簿謄本、確定申告書などによる確認

◎遺産分割協議に対する依頼者の希望の確認

遺産分割協議成立のための目標設定

◎簡潔に方針の説明

複雑な説明、専門用語を多用する説明や仮定の説明は依頼者を混乱
させます。簡潔に説明しましょう。

◎費用の説明

戸籍謄本等の資料を取り揃えるだけでも相応の費用が掛かります。
弁護士費用も含め、予め説明しておくようにしてください。

◎相続税の説明

相続税に関する概要を説明します。相続税の計算は複雑ですので、
税額などの詳細については税理士に確認するように促してください
【⇨**73**参照】。

17 相手方との交渉時には関心事項をよく聴く

◆交渉時の心得

　遺産分割協議は相続人間の協議によって成立するものなので、合意に向けて、依頼者が譲れないところはどこか、相手方（他の相続人）が何を求めているのかといったことに関心を向ける必要があります。また、相続税の申告や相続放棄のための熟慮期間といった時間的な制約もありますから、早期の解決を図るために、相手方に譲れる部分があるのかを見極める必要もあります。

◆交渉のコツ

　遺産分割協議も交渉事ですから、相手方である他の相続人が遺産分割に関して何を求めているのかといった関心事に耳を傾けましょう。

　一方的に遺産分割についての主張をしても相手方は態度を硬化させ、反発するだけで交渉が進みません。そこで、まずは相手方が遺産分割についてどのような考えを持っているのかを先に確認するのも、一つの方法です。

　遺産を確定するためには客観的な資料は不可欠です。最初から全て開示すれば相手方も疑心暗鬼に陥ることなく交渉に応じてもらえますので、早期の円満な解決につながります。

　実際に、全資料を開示したところ、簡単に遺産分割協議が調ったケースを多々経験しています。交渉は人相手ですから、小手先の交渉術を駆使するのではなく、互いに信頼関係を築くことが早期解決に向けた近道です。

☑ 相手方との交渉のコツ

◎遺産分割協議に向けた交渉事の心得
　①譲れない一線を定める
　②相手方の関心事を聴き出す
　③相続手続には時間的制約があることに注意する
　④協議不成立の場合のメリット・デメリットを見極めて提案する

◎相手方の関心事項を聴く
　①成立に向けた妥協ライン（落とし所）を設定できる
　②不成立後の遺産分割調停に向けた準備をする

◎相手方から譲歩を引き出す
　①主張を一方的に押し付けない
　②依頼者の譲歩の余地を見つけて、相手方からも譲歩を引き出す
　③双方当事者同席でも感情的な対立とならないように、交渉のコーディネート（議事進行役）をする

◎遺産に関する資料は全て開示する
　①遺産確定のために必要
　②資料提示漏れがあれば、成立した遺産分割協議が無効となるため
　③開示することで相手方との信頼関係を構築でき、遺産分割協議成立への近道に

18 戸籍の取り方は複雑・煩雑

◆ 相続人の確定

遺産分割をする前提として、誰が相続人なのかを確定させる必要があります。まずは被相続人・相続人の戸籍謄本等を取り寄せて戸籍調査をした上で、相続人を確定することになります。

◆ 相続人の確認方法

被相続人については、その出生時から死亡に至るまでの全ての戸籍謄本等を取り寄せます。

配偶者と子については、被相続人の出生から死亡までの戸籍謄本等を取り寄せて、配偶者と子の有無を確認します。子が相続開始時に死亡していたときは、「代襲相続」に関係しますので【⇨13参照】子の子（被相続人の孫）の有無を確認しましょう。

父母等の直系尊属は、父母等の戸籍謄本等を取り寄せて確認します。

兄弟姉妹は、被相続人の両親の出生から死亡までの戸籍謄本等を取り寄せて、兄弟姉妹の有無を確認します。また、兄弟姉妹の現在までの戸籍謄本等を取り寄せて、生存の有無を確認します。

◆ 法定相続情報証明制度の活用

また、「法定相続情報証明制度」に基づいて「法定相続情報一覧図」を活用することで、戸籍謄本等の取り寄せの煩雑さが解消できます。

法定相続情報証明制度とは、相続人が法務局に必要書類を提出し、登記官が法定相続人を証明するものです。各種相続手続で戸籍謄本の提出の省略が可能です。

✅ 戸籍の取り方

◎被相続人の戸籍調査

被相続人の住民票（除票）の取り寄せ　⇨　本籍地判明

本籍地にて「除籍謄本」取り寄せ

出生まで遡って戸（除）籍謄本取り寄せ

　＊転籍などの異動があれば、異動前の戸（除）籍謄本取り寄せ。
　　稀に戦災等で戸籍謄本が消滅していることもあるので、その場合は
　　市区町村役場から証明書の交付を受けること。

◎相続人の戸籍調査

被相続人の戸（除）籍謄本取り寄せ　⇨　相続人の存在確認

各相続人の戸（除）籍謄本取り寄せ

戸籍附票の取り寄せ　⇨　相続人の住所地確認

◎法定相続情報証明制度

法務局に必要書類（被相続人の出生から死亡までの戸籍謄本等）を添付して申請

法務局において法定相続情報一覧図作成

申請者に法定相続情報一覧図（写）交付

各相続手続において使用

19 家督相続に注意

◆ 家督相続とは

「家督相続」とは、戸主の死亡又は隠居により相続が開始し、この相続開始時に家督相続人が選定されていれば、全ての相続財産は家督相続人に帰属するというかつての相続です。

「戸主」とは、家族の中の統率者、支配者という意味で、長男が戸主として家督相続をするのが一般的でした。

◆ 家督相続制度の適用時期

家督相続制度は、旧民法の相続の方法で、明治31年7月16日から昭和22年5月2日まで施行されていました。したがって、昭和22年5月2日までの相続に関しては、この家督相続制度の適用がありますので注意してください。

例えば、先祖代々の土地が数代にわたって相続登記をしていないような場合には「家督相続」に引っ掛かることもありますので、特に気を付ける必要があります。

◆ 家督相続以外の遺産相続

戸主以外の者（次男など）が死亡した場合は「遺産相続」です。旧民法の相続＝「家督相続」ではありません。

旧民法での遺産相続の順位は右頁の通りです。配偶者の相続順位や兄弟姉妹が相続人にならないなど現行民法の相続順位とは全く異なります。

50

✅ 家督相続

◎家督相続制度は昭和22年5月2日まで施行

◎戸主の権利・義務
- 家族の婚姻・養子縁組に対する同意権
- 家族の居所指定権
- 入籍に関する拒否権
- 家族に対する扶養義務
- 「家」制度維持義務

◎家督相続の順位
①法定推定家督相続人　⇨　戸主の直系卑属
②指定家督相続人　　　⇨　生前又は遺言で指定された者
③第一種選定家督相続人　⇨　配偶者、兄弟姉妹、甥・姪から選定
④第二種法定家督相続人　⇨　戸主の直系尊属、男子優先
⑤第二種選定家督相続人　⇨　親族会により選定した者（親族以外がなることもある）

◎昭和22年5月2日までの遺産相続
第一順位　直系卑属（子、孫など）
第二順位　配偶者
第三順位　直系尊属（親など）
第四順位　戸主
　＊兄弟姉妹による相続はありません。
　　配偶者が相続できるのは「第二順位」の場合のみです。

20 祭祀財産は遺産分割の対象にならない

◆ 祭祀承継とは

民法897条1項本文によれば、系譜、祭具及び墳墓の所有権については、相続財産を構成せず、祖先の祭祀を主宰すべきものが承継すると定められています。

「系譜、祭具及び墳墓」が祭祀財産になります。ここでいう「系譜」とは家系図、「祭具」とは位牌、仏壇などの祭祀・礼拝に使用されるもの、「墳墓」とは、墓石・墓碑など遺体や遺骨を葬っている設備のことです。

民法897条1項本文において、祭祀財産は祭祀主宰者に帰属すると定められていますので、遺産分割の対象とはなりません。例えば、遺産分割調停においてこれら祭祀財産を遺産に含めて扱うことはできません。

◆ 祭祀承継者の指定

祭祀の主宰者は、①被相続人の指定、②慣習、③家庭裁判所の審判の順で定まります（民法897条）。③における判断要素は、

・墓地を実質的に管理しているのは誰か

・仏壇や位牌は誰が保管しているのか

・墓地使用料や永代供養料は誰が負担しているのか

・寺院は誰を檀家と見ているのか

となります（東京高決平成18年4月19日判タ1239号289頁参考）。

◆ 墓地と祭祀財産

墓地に所有権がある場合には所有権を祭祀承継者に移転する必要があります。移転するにあたって、「祭祀財産の承継」による場合と、「相続」による場合との2通りの方法があります。

☑ 祭祀財産は遺産分割の対象にならない

◎遺産分割と祭祀承継の対象物

	対象物
遺産分割	預貯金
	現金
	不動産
	自動車その他
祭祀承継	系譜（家系図など）
	祭具（位牌、仏具など）
	墳墓（墓石、墓碑など）

◎祭祀承継が生じる場合の注意点

■祭祀主宰者（承継者）の判断要素
  ・墓地の実質的管理
  ・仏壇や位牌の保管
  ・墓地使用料や永代供養料の負担
  ・寺院から檀家と見られていること

■祭祀承継における注意点
  良いこと
    ・法事などの祭祀に関して最終的な決定権を有する
    ・家名を嗣げる
  大変なこと
    ・祭祀財産の維持管理義務あり
    ・維持管理に要する費用負担
    ・祭祀に関する親族間の意見調整をする必要あり

第1章　遺産分割の実務ノウハウ――スムーズな分割につながる事件処理……53

コラム **1**

仲良し姉妹、袂を分かつ!?

　元依頼者からの紹介で姉妹が事務所を訪ねてきました。事務所に入る前から明るい笑い声が聞こえてきて、相談室に入ってからも話が止まりません。仲の良い姉妹のようです。甲弁護士は話を切り出すタイミングが取れずにしばらく聞いていました。

　姉妹がお茶を飲んだところでようやく相談に入ることができ、その相談内容は一月半前に亡くなった父親の相続に関するものでした。姉妹には異母兄がいるのですが、相続について話を持ちかけたものの態度がはっきりしないので、遺産分割調停を依頼したいというのが相談の趣旨です。姉妹としては争いたくないので法定相続分で構わないということでした。

　甲弁護士は姉妹の依頼を受けることにしましたが、「利益相反になるのでお二人のどちらかの代理人にしか付けませんよ」と説明したところ、姉妹からは「仲が良いのに『利益相反』になんかなりません！」と声を揃えて猛抗議を受けました。甲弁護士は姉妹のパワーに気圧されてうろたえましたが、なんとか理解を得て、妹の代理人として遺産分割調停を申し立てることとなりました。

　どんなに仲の良い姉妹でも形式的には利益相反が生じます。一見すると問題ないようですが、調停の進行状況によっては意見が対立する可能性もあります。物事は対立し出すと双方とも理性を失い感情でものを決めるようにもなり兼ねません。

　このような事例で二人の代理人に付くこと自体は「弁護士職務基本規程32条に反しない」とされていますが、ここは受任の際、丁寧に説明をして、仲良し姉妹が袂を分かつことにならないよう慎重に対応するようにしてください。

54

第2章

共同相続と遺産共有

遺産分割完了まではどのような状態か

21 遺産分割するまで遺産はどのように管理されるか

◆遺産の管理

遺産分割完了までは遺産の最終帰属先は確定できません。二人以上の相続人がいる場合、相続人らの共有財産とされます。

◆遺産管理の方法

相続人は、相続開始後、相続開始から相続を承認又は放棄するまでの間、自己の固有財産に対するのと同じ程度の注意をもって相続財産を管理しなければなりません（民法918条）。

相続人が単純承認した後は、遺産は相続人らの共有となり、物権法上の共有の規定に基づいて管理されることになります。

限定承認がなされると、相続人は自己の財産と同一の注意をもって遺産管理を継続しなければなりません（民法926条）【⇒33参照】。

相続放棄がされた場合は、放棄によって相続人となった者が遺産の管理をすることができるようになるまで、放棄した者も引き続き、自己の財産と同一の注意をもって遺産管理をしなければなりません（民法940条）。

遺言によって遺言執行者が指定されている場合は、その遺言執行者は、遺言の内容を実現するため、善良な管理者としての注意義務をもって遺産を管理しなければなりません（民法1012条2項、644条）。

◆相続人による遺産管理

単純承認がなされた場合、遺産分割するまで遺産は共同相続人による共有となります。この場合の相続人間における法律関係は物権法の「共有」の規定に基づくことになります。

✅ 遺産分割完了までの遺産の管理

◎遺産分割完了までの遺産の状態

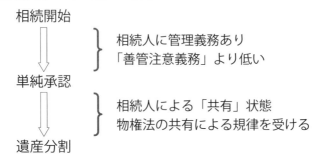

◎遺産管理の義務の程度

	義務の程度
単純承認後〜遺産分割まで	自己の財産と同一の注意義務
限定承認	同　　上
相続放棄	同　　上
遺言執行者	善管注意義務

◎相続人による遺産管理と制約

	形　態	制　約
使用	使用・利用	相続割合に応じて使用可
保存	不動産登記、修繕など	単独可
管理	民法602条の期間を超えない賃貸借など	相続割合の過半数で決める
処分	上記期間を超える賃貸借、売却、土地造成など	相続人全員の同意必要

22 賃貸物件の管理では 修繕や家賃回収に注意

◆ 共同相続人による賃貸物件の共同管理

　単純承認がなされた場合、共同相続人は遺産分割がなされるまで法定相続分に応じて遺産を共有することになります（民法898条、899条）。

　したがって、アパートなどの賃貸物件については、賃貸人としての権利義務を準共有（民法264条）することになります。

◆ 賃貸物件に関する権利・義務

　賃料については、各相続人がその法定相続分に応じて取得することができます。また、保存行為として各人が賃料全額を賃借人に請求して受領することができます。

　遺産分割によって賃貸物件の単独相続が決まった場合、相続開始から遺産分割までの賃料は、各共同相続人がその相続分に応じて取得することができます。相続開始時に遡って受領済みの賃料を単独相続した相続人に返還するなど精算する必要はありません。

　賃貸物件について補修などの修繕が必要となった場合には、賃貸人として修繕する必要があります。

　賃貸管理を不動産業者に委託する場合、不動産業者に管理業務を委託するのは「処分行為」となりますので、相続人全員の同意が必要となります。

　賃貸借契約を解除する行為、賃貸借期間途中の解約は「管理行為」になりますので相続持分の過半数の同意が必要です。

☑ 遺産分割までの賃貸物件の管理

◎遺産分割までは法定相続分に応じて遺産を共有

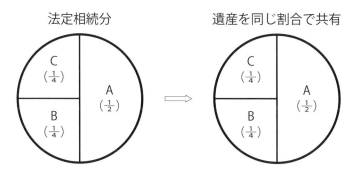

◎賃貸物件と賃料の扱い

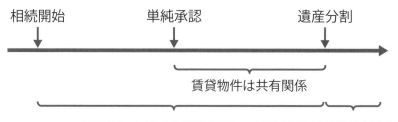

◎賃貸物件に対してできること

行為の内容	相続人に求められること
賃借人からの家賃受領	相続分に応じて取得可。相続開始時に遡及しない
賃貸物件の補修・修繕	単独で修繕可。他の相続人に対して費用負担請求可
不動産業者に賃貸借業務委託	全員の同意必要
家賃滞納者に対する契約解除賃貸借期間途中の合意解約	相続分の過半数で決定可

23 存在を忘れやすい貸金庫

◆ 貸金庫に注意

「貸金庫」とは銀行内にある金庫のキャビネットの一部を有料で貸してくれるサービスです。不動産の権利証（登記済証）や有価証券、貴金属あるいは自筆証書遺言書など自宅に置くと不安なものや、大切なものなどを安全に保管するために利用されています。

貸金庫は銀行におけるサービスなので、所在がわからなくとも取引先銀行に有無の照会をすればわかります。

貸金庫の開扉については、処分行為に該当するとして共同相続人全員の同意を必要とするのが銀行実務です。

相続人間の協議が調わず、相続人の一部が単独で開扉及び保管物の内容を確認したい場合には、公証人に「事実実験公正証書」の作成の委託をし、公証人立ち会いのもとで貸金庫を開扉して、保管物の内容を確認することができます。

◆ 貸金庫に遺言書が保管されていた場合の対応

遺言書が保管されていた場合、民法1004条1項に従って、それを発見した相続人は直ちに家庭裁判所に対して検認請求をしなければなりません。

なお、貸金庫の所在が確認できると、相続人は期待感を抑えられずに立ち会われるようです。皆さん何が入っているか息を詰めて見守っていますが、保管物を見ても決して落胆することなく、思い出の詰まった大切な「形見」として引き取るよう促しましょう。

☑ 貸金庫の調査と開扉・取出手続

```
        貸金庫の有無の調査
          │            │
          ▼            ▼
      所在判明      所在不明
          │            │
          │            ▼
          │      取引先銀行への照会
          │          │        │
          │          ▼        ▼
          │      貸金庫あり   貸金庫なし
          │          │
          ▼          ▼
          開　扉　手　続
          │            │
          ▼            ▼
    相続人全員の    相続人全員の
     同意あり       同意得られず
          │            │
          │            ▼
          │      公証人が
          │    「事実実験公正証書」作成。
          │      公証人立会い
          │            │
          ▼            ▼
          開扉・取り出し
                │
                ▼
    自筆証書遺言、秘密証書遺言を発見
                │
                ▼
      家庭裁判所に対して検認請求
```

24 相続人の一人が遺産である不動産を占有している場合

　遺産に家屋が含まれている場合、その家屋に相続人の一人が住んでいたり、あるいは住み続けたりすることがあります。他方で、遺産は遺産分割が調うまでは共同相続人の共有です。そのため、相続人間でその家屋を巡ってトラブルになることがあります。

◆ 相続開始後に新たに相続人の一人が家屋を占有した場合

　共有物の管理行為にあたるので、共同相続人の持分割合に従って過半数で決める必要があります（民法252条）。その結果、無償での使用であれば使用貸借、有償であれば賃貸借の法律関係になります。過半数で決することなく、他の相続人に無断で家屋を占有する場合は、持分を超える部分については違法な占有となります。

　しかしながら、各相続人は単独で遺産を使用できますので（民法249条1項）、他の相続人は当然には明渡しを求めることはできません。この場合には家屋を占有する相続人の持分を超える部分の賃料相当額について、不当利得又は不法行為を理由に請求することになります。

◆ 被相続人の死亡後も同居していた相続人が住み続ける場合

　遺産分割によって帰属が正式に決まるまでは、被相続人との間で被相続人の死亡後も引き続き同居相続人に無償で使用させる旨の合意があったものと推認され、遺産分割終了までは、他の相続人が貸主、同居していた相続人が借主である使用貸借関係となります。

　したがって、他の相続人は、その建物の明渡しを求めることもできませんし、賃料を請求することもできません（最判平成8年12月17日民集50巻10号2778頁）。

☑ 相続人の一人が遺産である不動産を占有している場合

◎相続人Xが家屋を占有

◎被相続人の同居の配偶者Xが家屋を占有

◎相続人Xが家屋を取り壊そうとしたときは法的措置をとれる

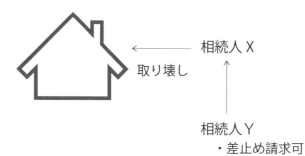

25 第三者が遺産である不動産を占有している場合

◆法律上の根拠もなく第三者が占有している場合

　第三者が法律上の根拠もなく遺産である不動産を占有している場合は不法占有になります。相続人はその不法占有者に対して明渡しを単独で求めることができます（「保存行為」。民法252条5項）。

◆被相続人との使用貸借又は賃貸借によって第三者が占有

　相続人は、使用貸借関係でも賃貸借関係でも被相続人から貸主としての地位を承継しますので、占有している第三者との関係では従前通り使用貸主あるいは賃貸人となります。

◆被相続人と内縁関係にある者が生前から同居していた場合

　遺産分割によって帰属が正式に決まるまでは、被相続人との間で被相続人の死亡後も引き続き同居相続人に無償で使用させる旨の合意があったものと推認され、遺産分割終了までは、他の相続人が貸主、同居していた内縁の者が借主となって使用貸借関係となります（最判平成10年2月26日民集52巻1号255頁）。したがって、他の相続人は、その建物の明渡しを求めることもできませんし、賃料を請求することもできません。

◆相続人の一人が自己の持分に基づいて第三者に貸した場合

　各相続人は単独で遺産を使用することができるので（民法249条）、貸主となった相続人の持分を超える部分については違法な占有となりますが、他の相続人は当然には明渡しを求めることができません（最判昭和63年5月20日家月40巻9号57頁）。

✅ 第三者が遺産である不動産を占有している場合

◎占有権原のない第三者による占有

◎被相続人から賃貸借によって占有

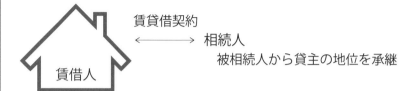

◎生前から被相続人と同居していた内縁の配偶者が占有

◎相続人の一人であるYが締結した賃貸借契約によって占有

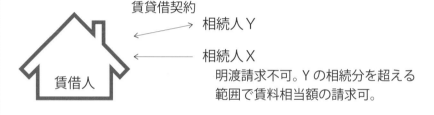

26 金銭債権など 分割となる債権の扱い

◆金銭債権は原則として当然分割

　金銭債権その他の可分債権は、法律上、相続によって当然に分割されます。遺産分割の必要はありません。

　預貯金債権については、かつては金銭債権と同様に可分債権であるとして当然に分割されるものとして扱われていました。しかしながら、平成22年10月8日、最高裁は「定額郵便貯金債権」について相続開始と同時に当然に相続分に応じて分割されることはないと判決を出し、それ以降各種預貯金債権に関して当然に分割されるものではないとの判決が相次いで出るようになりました（最判平成28年12月19日民集70巻8号2121頁、平成29年4月6日判時2337号34頁）。上記の各最高裁判決によって、預貯金債権は相続開始により当然分割される可分債権にはあたらないという扱いに変わりました。

◆預貯金口座から引き下ろされた金銭

　最高裁は「相続人は、遺産の分割までの間は、相続開始時に存した金銭を相続財産として保管している他の相続人に対して、自己の相続分に相当する金銭の支払を求めることはできないと解する」と判示しています（最判平成4年4月10日集民164号285頁）。

　したがって、例えば、被相続人名義の預金口座から引き下ろした現金を保管している相続人に対して、他の相続人は遺産分割前に相続分相当額の金銭を支払うよう請求することはできません。なお、引き下ろした相続人もその現金に対して保管義務を負っていますので、勝手に使用できないことは言うまでもありません。

✔ 金銭債権の扱い

◎分割不可か、当然分割か

金銭債権 ┤ 預貯金債権 ⇨ 分割不可
　　　　 └ その他の金銭債権 ⇨ 当然分割

◎相続人単独では原則として預貯金を引き下ろしできない

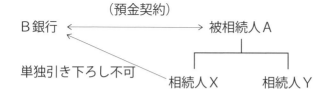

◎預貯金口座から引き下ろされた金銭を支払う請求はできない

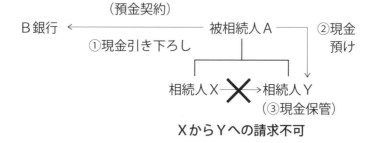

27 預貯金の払戻手続

◆ 相続開始後の預貯金債権に対する金融機関の対応

相続が開始したことの報告を金融機関が受けると、被相続人名義の預貯金口座は凍結されて、預貯金の引き出し等ができなくなってしまいます。

◆ 入院費用や葬儀費用等の支出のために

被相続人の入院費用あるいは葬儀費用の支払いといった、急を要する事情が生じる場合があります。平成30年改正相続法は、各共同相続人が遺産分割前に裁判所の判断を経ることなく、一定の範囲で遺産に含まれる預貯金債権を行使することができる払戻し制度を設けました（民法909条の２）。この制度によれば、当該預貯金口座から150万円まで引き出すことができます。

上記150万円の支出では対応できない場合には「遺産分割の審判事件を本案とする保全処分」を使うことになります（家事法200条２項、３項）。

◆ 預貯金の払戻しの原則

遺産分割前に相続人が金融機関に対して預貯金の払戻しを請求する場合、金融機関は原則として共同相続人全員の同意による払戻請求をするよう求めます。

遺産分割が行われた場合は遺産分割協議書に、遺産分割調停による場合は調停調書に、あるいは遺産分割審判の場合は、審判書の内容に従って、金融機関に対して預貯金の払戻請求をすることになります。

☑ 預貯金の払戻手続

◎遺産分割前における預貯金払戻限度額

（相続開始時の預貯金債権の額）× 1／3 ×

（払戻手続をする相続人の法定相続割合）＝ 払戻限度額 ≦ 150万円

例1　相続開始時の預金残高600万円

相続人2人（子2人）

600万円 × 1／3 × 1／2 ＝ 100万円

例2　相続開始時の預金残高1200万円

相続人2人（子2人）

1200万円 × 1／3 × 1／2 ＝ 200万円 ＞ 150万円

⇨ 払い戻しは150万円まで

◎遺産分割前後による払戻手続の違い

遺産分割協議前

B銀行　⟵——————————　相続人全員

相続同意書提出

遺産分割協議後

B銀行　⟵——————————　預金を取得した相続人

遺産分割協議書か
調停調書か審判書を提出

28 被相続人の債務の相続

◆ 相続債務は当然に分割されて法定相続人に承継される

被相続人の借入金などの金銭債務については、相続人が複数いる場合には、法律上当然に分割されて、各共同相続人がその相続分に応じてこれを負担することになります（最判昭和34年6月19日民集13巻6号757頁）。

◆ 連帯債務の相続

連帯債務者の一人が死亡したときは、それが金銭債務であった場合は、その共同相続人が各自の法定相続分に応じて分割承継し、その承継した範囲内で、他の連帯債務者と共に連帯債務者となります（最判昭和34年6月19日民集13巻6号757頁）。

◆ 賃借人の相続

不動産の賃貸借契約を終了させるためには、相続人が賃貸人と協議して合意解約する必要があります。未払の賃料がある場合には、相続人は賃貸人に対して支払義務が生じます。

相続開始後に発生した賃料については、遺産分割が成立するまでは相続人全員が各自の相続分に応じて負担することになります。賃貸人が賃貸借契約を解除する場合には、遺産分割前は共同相続人全員に対してする必要があります。

◆ 相続債務と遺産分割協議

遺産分割協議によって相続人一人が債務を負うと決めても、債権者に対しては効力が生じません。債権者とは免責的債務引受契約を別途締結する必要があります。

☑ 連帯債務の相続

◎相続人各自に全額請求することはできない

◎相続人が承継した範囲でのみ請求できる

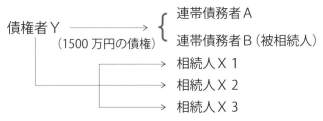

各自に500万円ずつの範囲で請求可能

◎賃貸借契約の相続

未払賃料・遺産分割成立までの賃料の支払義務あり。

貸主 ──┬──→ 相続人X1
　　　　├──→ 相続人X2
　　　　└──→ 相続人X3

賃貸人が解除する場合には共同相続人全員に対して行う。

29 現金は勝手に分けられない

◆現金は遺産分割の対象となる

　現金は、動産として遺産分割の対象となります。この場合の現金とは、相続開始時に紙幣（1万円札など）や硬貨（500円硬貨など）として存在し、遺産分割時においても紙幣や硬貨という形のあるものとして保管されていることが必要です。口座内の預貯金とは異なります。

　被相続人が死亡し相続が発生した時点で、現金をはじめ遺産は全て法定相続人の共有財産となります。葬儀費用や医療費の支払いなどで現金が必要になる場合も出てきますが、現金は相続開始によって相続人の共有となりますので、相続人全員で遺産分割協議を行い、協議書に基づき精算する必要があります。

◆現金の保管方法

　少額の現金であればそのまま相続人のうちの一人が手元で管理すれば足ります。多額の場合には盗難の可能性もありますので、自己の預貯金と明確に区別して銀行に預け入れるなどして保管することになります。

　預貯金口座で保管している相続人に対して、遺産分割前は、他の相続人が自己の相続分に相当する金銭の支払を求めることはできません（最判平成4年4月10日集民164号285頁）。

◆「タンス預金」に注意

　現金を預貯金として銀行等に預けることなく、自宅のタンスなどに保管していることがあります。いわゆる「タンス預金」という保管方法です。この「タンス預金」も現金ですので、相続の対象となります。

☑ 預貯金の現金化

◎預貯金を現金化した場合と口座内の場合の違い

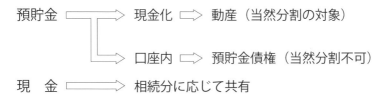

◎預貯金口座から引き下ろされた金銭を支払う請求はできない

遺産分割前はXからYへの相当分請求不可

◎「タンス預金」に注意

　タンス預金 ⇨ 扱いは「現金」

　タンスの中、抽斗、押入、仏壇の奥など調査必要。
　経験則から「人形ケースの底」「額縁の裏」など思わぬ場所にある可能性大。

30 使途不明金の扱い

◆ 使途不明金の問題

　相続人のうちの一人が他の相続人の同意なく、被相続人の死亡前、あるいは死亡後に被相続人名義の預貯金口座から預貯金を引き出してしまうことがあり、「使途不明金」として遺産分割において問題となるケースがあります。

　他の相続人の同意なく、被相続人名義の預貯金口座から引き出した場合、引き出した相続人は預貯金を引き出した時点で悪意の受益者（不当利得）に該当するとされます（民法704条前段）。

　相続開始後に相続人の一人が、他の相続人の同意なく、被相続人名義の預貯金口座から引き出した場合も、相続開始前の引き出しと同様に悪意の受益者に該当するのは同じです。

　他方、預貯金を引き出した相続人以外の相続人全員の同意があれば、引き出した財産は遺産の分割時に、遺産として存在するものとして取り扱うことができます（民法906条の2）。この場合には、引き出した現金を遺産の範囲に含めた上で、引き出した相続人の具体的取得分を調整することになります。

◆ 預貯金口座の調査

　ところで、預貯金口座の存在がわからないと、遺産分割も進められません。また、後々、配分を巡ってもめたり、相続税の申告漏れになることもあります。被相続人名義の預貯金口座の有無が把握できない場合の調査方法として次の方法があります。

　①弁護士会照会制度（弁護士法23条の2）

　②調停・審判係属中の家庭裁判所による調査嘱託

✅ 使途不明金の扱い

◎相続人Xが勝手に引き出した行為は不当利得にあたる

②**不当利得返還請求**（民法704条前段）

◎無断で引き出された額も含めて遺産分割の対象となる

31 葬儀費用

◆ 葬儀費用

葬儀とは、人の死亡直後の死者を営む儀式であり、これに続く遺骸又は遺骨の埋葬等を含むとされています。そしてこれに要する費用が「葬儀費用」です。

◆ 葬儀費用の問題

共同相続人のうちの一人である葬儀主宰者（喪主）が葬儀費用を全部支出した場合に、他の共同相続人に対してその負担を求めて争いとなるケースがあります。

◆ 葬儀費用の負担者

葬儀費用の負担にあたっては、①葬儀主宰者負担とする考え方、②相続人負担とする考え方、③相続財産負担とする考え方、④慣習・条理により決まるとする考え方があります。

実務では、遺産分割調停において葬儀費用が問題となり、その負担について相続人間の合意が見込まれない場合には、遺産分割調停ではなく民事訴訟手続で解決するよう促されるケースが多いようです。

◆ 香典

香典は、「死者への弔意」「遺族への慰め」、あるいは「葬儀費用」など遺族の経済的負担の軽減などを目的とする相互扶助に基づく金銭その他の財物の贈与であるとされています。

葬儀費用を遺産分割の対象としない運用であることからすれば、香典についても葬儀主宰者に帰属するものとして扱われることになろうかと考えます。

☑ 葬儀費用の負担

◎葬儀費用の負担に関する見解

負担に関する見解	分割対象の有無
①主宰者負担	×
②相続人負担	○
③相続財産負担	○
④慣習・条理による	△

◎葬儀費用と香典

②相続人負担、③相続財産負担とする見解を前提とした場合の精算方法

（香典）－（葬儀費用）＝精算金

0円＜精算金

⟹ 精算金について分割対象

0円＞精算金

⟹ 葬儀会社等の債権者に対して
相続割合に応じて按分負担

例

香典50万円、葬儀費用200万円

〔香典（50万円）〕－〔葬儀費用（200万円）〕＝－150万円

150万円について、葬儀会社あるいは立て替えた喪主に対して
相続割合に応じて按分負担

32 相続放棄

◆ 相続放棄とは

　単純承認でも限定承認でもなく、相続放棄がされると、その者は初めから相続人とならなかったものとみなされます（民法939条）。

◆ 熟慮期間

　民法は熟慮期間について、相続人が自己のために相続の開始があったことを知った時から3か月と定めています（915条1項）【⇨**3**参照】。「相続の開始があったことを知った時」とは、①被相続人が死亡した事実と、②自己が相続人である事実を知った時をいいます。

　被相続人の配偶者や子であれば①と②とは同時若しくは近接していますが、第一順位の相続人が放棄した場合の次順位の相続人（例えば兄弟姉妹）にあっては、①の事実は知っていても、②の事実は先順位者が相続放棄をしたことを知った時となりますので、②が重要です。

◆ 相続放棄の判断ポイント

　相続放棄については、以下の点を確認して判断してください。

　・被相続人の負債を含めた相続財産の全体
　・不動産登記簿謄本を取り寄せて住宅ローンなどの負債の有無
　・預貯金残高を金融機関に確認・調査する際には、預貯金残高だけ
　　でなく貸付金の有無
　・金融機関からの各種通知書
　・被相続人が自営業などの事業者の場合は確定申告書

✅ 相続放棄

◎**熟慮期間**

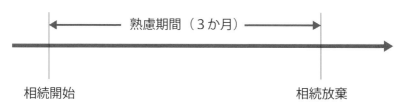

相続開始があったことを知った時とは
{ ①被相続人が死亡した事実を知ったこと
　②相続人であることを知ったこと

◎**相続放棄の判断**

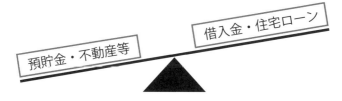

預貯金・不動産等　＞　借入金・住宅ローン
⇒ **相続承認**

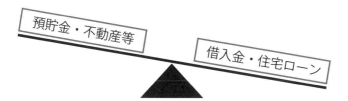

預貯金・不動産等　＜　借入金・住宅ローン
⇒ **相続放棄要検討**

33 限定承認という選択もある

◆ 限定承認とは

　「限定承認」とは、相続した財産の範囲内で被相続人の債務を弁済し、弁済後の財産を相続できるという制度です（民法922条、929条）。相続人は、相続財産と借入金などの相続債務を承継します。このうち相続債務については、相続財産を限度として責任を負うことになります（「有限責任」）。つまり、限定承認をした相続人は相続財産の限度を超えて、例えば自己の財産をもって弁済をする必要はありません。

　限定承認をするためには、相続人全員が家庭裁判所に対して申し立てる必要があります。相続人のうちの一人でも同意しなければ、申立てをすることができません。

◆ 限定承認における注意点

　以下の点に気をつけてください。

　・自己のために相続の開始があったことを知った時から3か月以内に申し立てること（民法915条1項）
　・相続人全員により申し立てること（民法923条）
　・限定承認によって相続債務の清算が完了するまで1年程度の時間を要すること
　・一連の手続が完了するまでは相続財産について管理義務が生じること（民法926条）
　・限定承認によって相続した場合には、被相続人から相続人に時価で財産を売却したとされ、含み益があると「みなし譲渡所得」として所得税の対象となること

✅ 限定承認

◎限定承認を考えるとき

預貯金・不動産等＞借入金・住宅ローン
預貯金・不動産等＜借入金・住宅ローン
｝ どちらか不明

⇩

限定承認の選択要検討

◎単純承認

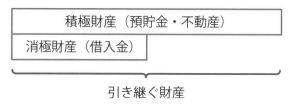

◎相続放棄

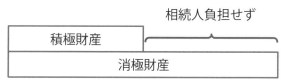

◎限定承認

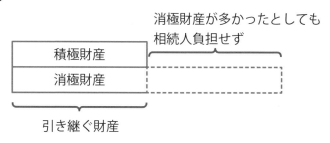

⇨ もし積極財産が多ければプラスの部分を相続人が取得できる

コラム 2

ペットだって遺言してほしい "わん!"

　最近では犬や猫などのペットも大切な家族の一員であるとの認識が高まってきています。

　ただ、相続の場面では家財道具と同じように「動産」として遺産分割の対象となりますので、遺産分割協議において誰が取得する（飼う）のかを決めることになります。相続人が配偶者や子であれば、生前から家族の一員として受け入れているのでペットも安心できますが、被相続人と同居していなかった兄弟が相続人となった場合には、相続する方もペットの扱いに困ってしまいます。

　保健所などで引き取ってもらうこともできますが、飼い主であった被相続人としてはペットの行く末を案じて死ぬに死ねません（既に死んでいますが）。

　このような事態に備えて、ペットを引き取ってもらえる友人に遺言を遺すという方法があります。具体的には、ペットを友人に遺贈するのですが、その遺贈とはペットの飼育を義務付けるという「負担付遺贈」による遺言書を遺すというものです。

　ペットも多様です。なんだかガサゴソ音がします。水槽のカメです。寡黙なカメはつぶらな瞳で訴えます。「私長生きなのよ」。機嫌が良いとあくびをしたり、元気がないとくしゃみをしたり、カメの行動に飾りはありません。カメを引き継いだ方にもちゃんと懐いてくれるよう、その特性をメモに書きのこしてあげてください。

　生前にペットと一緒に遺言しておけば、心置きなく成仏できますね。

第**3**章

遺産分割

遺産をどのように分けていくか

34 遺産分割の概要

◆遺産分割とは

　被相続人が死亡時に有していた財産（遺産）について、個々の相続財産の権利者を確定させる手続が遺産分割です。相続人が複数いる共同相続の場合には、遺産分割が完了するまで相続財産は、相続人の相続分に従って相続人らに共同で帰属（共有）することになります（民法898条1項）。

◆遺産分割の遡及効

　遺産分割が完了すると、個々の相続財産は、相続開始時において、遺産分割により取得した相続人に、被相続人から直接移転したという法律上の扱いがされています。これを遺産分割の「遡及効」といいます（民法909条本文）。他方、同条ただし書は、「第三者の権利を害することはできない」とも規定して、遺産分割前に相続財産に関わった第三者の保護を図っています。

　「第三者」とは、①遺産分割前に共同相続人の一人から個別財産の持分を譲渡された者、②遺産に属する個別財産上の持分に抵当権などの担保設定を受けた者、③遺産に属する個別財産上の持分を差し押さえた債権者などです。

◆遺産分割の対象

　遺産分割の対象となるのは、相続開始時に存在し、遺産分割時にも存在する未分割の遺産です。被相続人が死亡する直前に相続人の一人が被相続人名義の預金を下ろして費消した現金、相続開始時には存在したが遺産分割時には存在していない財産は遺産分割の対象とはなりません。

✅ 遺産分割の遡及効

◎遡及効により相続開始時から取得したことになる

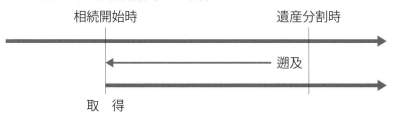

◎遡及効により相続人XはYに対抗できる例
　①遺産分割により相続人Xが土地取得
　②相続登記完了
　③遺産分割後に相続人AがYに土地の持分譲渡

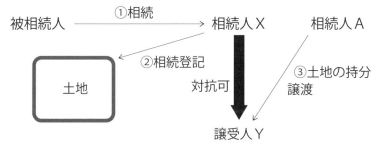

◎遡及効が制限されて相続人XはYに対抗できない例
　①相続人Aの債権者Yが土地に対してYの持分について差押え
　②遺産分割により相続人Xが土地取得、相続登記

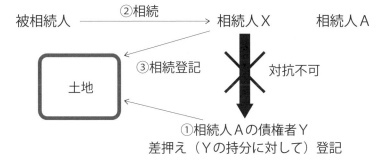

35 遺産はどのように分けていくのか

◆遺産分割の手段

　遺産分割の手段としては、①遺言による分割、②遺産分割協議による分割、③家庭裁判所における遺産分割調停による分割、④家庭裁判所における審判による分割の4つがあります。

◆遺言による分割

　民法では、被相続人は、遺言で、分割の方法を定め、もしくはこれを定めることを第三者（遺言執行者）に委託することができると規定しています（民法908条）。

◆遺産分割協議による分割

　共同相続人全員の合意により遺産の全部又は一部を分割する手続を遺産分割協議といいます（民法907条1項）。

◆遺産分割調停による分割

　遺産分割協議では相続人の意見が対立してしまって合意が得られない場合や全員揃う見込みがなく遺産分割協議ができない場合には、各共同相続人は家庭裁判所に遺産分割のための調停を申し立てることができます（民法907条2項）。

◆審判による分割

　遺産分割調停が不成立となった場合は、審判に移行します（家事法272条）。審判において家庭裁判所は、当事者のために衡平を考慮し、一切の事情を考慮して、職権で、調停に代わる審判をすることができます（家事法284条）。

86

✓ 遺産分割の流れ

◎遺産分割の方法
　①遺言による分割
　②遺産分割協議による分割
　③調停による分割
　④審判による分割

◎遺産分割の流れ

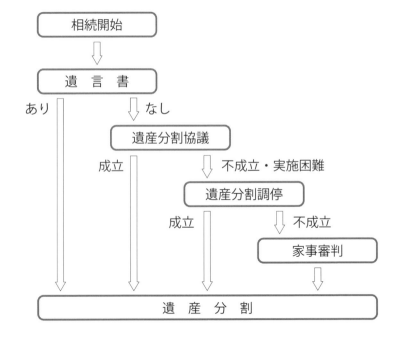

36 相続財産の調査は念入りに

◆ 調査の対象となる主な相続財産

　自宅や生前に耕作していた農地などの不動産については、管轄法務局において不動産登記簿謄本を取り寄せることで確認が取れます。

　不動産を持っているらしいがそれがどこなのか不明な場合には、持っていると思われる不動産が所在している市区町村の資産税課などの所管部課において不動産の「名寄帳」を取り寄せることによって判明することがあります。

　預貯金、有価証券、投資信託などについては、金融機関・支店・口座が判明している場合は、銀行などの金融機関に被相続人の死亡日の残高証明書を取り寄せることで預貯金等の残高の確認が取れます。

　支店・口座が不明の場合、金融機関だけでもわかっていれば、被相続人の住所地の最寄りの支店や本店営業部にて預金の有無を確認することができます。ゆうちょ銀行については現存証明書と残高証明書を発行してもらえます。農業経営者・従事者で農業協同組合に加入している場合には、当該組合の資産管理部署が財産を管理していることがありますので、問い合わせをしてみてください。

　保険関係については、各生命保険会社・損害保険会社等へ照会をしてみてください。

◆ 遺言書の調査

　公正証書遺言については公証役場にて有無を検索できます。

　遺言書保管所にて「遺言書保管事実証明書」の交付申請をして、自筆証書遺言書の有無を確認できます。

☑ 相続財産の調査

◎主な遺産関係資料と問い合わせ先

遺産の種別	取り寄せ資料	問い合わせ先
不動産	不動産登記簿謄本	法務局
	名寄帳	所在地の市区町村
預貯金	残高証明書	各金融機関
	取引履歴	各金融機関
	現存証明書	ゆうちょ銀行
株式・投資	取引履歴	証券会社 証券保管振替機構
保険	契約関係の照会	保険会社 生命保険協会 （生命保険契約照会制度の利用）
遺言書	公正証書遺言	公証役場
	遺言書保管事実証明書 （自筆証書遺言の有無）	遺言書保管所 （法務局）

◎預貯金の調査

```
┌─────────────────────┐        ┌─────────────────┐
│ 金融機関・支店・口座が判明 │        │ 支店・口座が不明 │
└──────────┬──────────┘        └────────┬────────┘
           ↓                             ↓
┌─────────────────────┐        ┌─────────────────┐
│ 金融機関から被相続人の死亡日の │        │ 金融機関だけでも判明 │
│   残高証明書を取寄せ      │        └────────┬────────┘
└──────────┬──────────┘                 ↓
           │                   ┌─────────────────┐
           │                   │    最寄りの支店や    │
           │                   │  本店営業部に確認の依頼 │
           │                   └────────┬────────┘
           ↓                             ↓
    ┌──────────┐                ┌──────────┐
    │ 残高の確認 │                │ 残高の確認 │
    └──────────┘                └──────────┘
```

37 遺産分割の方法（その１）

◆遺産分割の方法

　遺産分割の方法には、主に①全部分割と一部分割、②現物分割、③換価分割、④代償分割、⑤共有分割があります。

　以下、各方法について説明します。実際に遺産分割するときの参考にしてください。

◆全部分割と一部分割

　遺産の全てを対象として分割するのが「全部分割」で、遺産のうちの一部を分割対象とするのを「一部分割」といいます。

　一部分割については、従来は必ずしも明文で規定されていませんでしたが、平成30年の相続法改正の際に「一部分割」できることが明記されました（民法907条１項）。一部分割は、当面の生活費を用立てたり、早急に処分する必要のある財産がある場合などに使われます。しかしながら、その他の財産は分割未了なので改めて分割する必要があり、先に行われた分割との調整をしなければならないといった問題が生じます。選択にあたっては注意が必要です。

◆現物分割

　相続財産を構成する個々の財産を、その形態を変えることなくそのまま各共同相続人が取得したり、あるいは一筆の土地を複数に分筆して各共同相続人がそれぞれ取得するのが「現物分割」です。現物での分割なので、実際に取得した財産の評価額と各相続人の相続分とが異なることになります。よって、後に争いとならないよう相続人に対して十分な説明が必要です。

90

✅ 遺産分割の方法

◎分割方法の一覧

分割方法	概　　要
現物分割	個々の相続財産を形態を変えることなく各相続人が取得する方法
換価分割	遺産を換価処分して、換価した金銭をもって分割する方法
代償分割	現物を相続した者が、その他の相続人に対して代償金を支払う方法
共有分割	相続財産の全部又は一部を共同相続人が共有する方法

◎現物分割では個々の財産をその形態を変えることなく取得

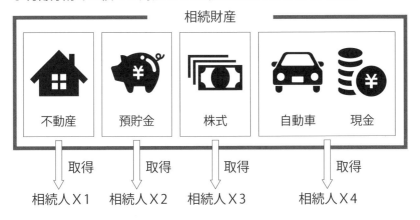

◎一筆の土地を複数に分筆してそれぞれ取得するのも現物分割

相続人X1	相続人X2
相続人X3	相続人X4

一筆の土地

38 遺産分割の方法（その２）

◆換価分割

　遺産を処分の上で換価して、その換価した金銭をもって分割する方法を「換価分割」といいます。現物分割が難しい場合や現物分割をすることによって価値が著しく低減するおそれがある場合に選択されます（民法258条2項）。

◆代償分割

　遺産のうちの現物は共同相続人の特定の者（通常は一人）が取得し、現物を取得しなかった他の共同相続人に対して取得した相続人が、代償金を支払うなどの債務を負担させる分割方法を「代償分割」といいます。相続財産が居住用の土地建物のみで、そこに相続人のうちの一人が住んでいる場合や、農地や営業用の資産（工場、事務所）などの細分化が適当でない財産などの場合に用いられます。また、預貯金など分割が可能な財産であっても、手続が煩雑であったり、時間が掛かるような場合にも用いられることがあります。なお、この方法では遺産分割終了後も代償金支払債務が残りますので、後に争いが生じないようにしておくことが必要です。

◆共有分割

　相続財産の全部又は一部を、共同相続人中の全員又は数名の者が各自の相続分で共有とする方法です。遺産分割によって共有となると、その後は民法の共有に関する規定に従うことになります。共有者間で信頼関係が崩れると新たな紛争が生じますので、事後のことも考えて選択するようにしてください。

☑ 遺産分割の方法

◎分割方法と適した場面

分割方法	選択する場面
換価分割	現物分割が困難、現物分割により価値低減の場合に用いられる。
代償分割	農地、事業用地など分割が適当でない場合、手続が煩雑な場合などで用いる。
共有分割	現物分割、換価分割、代償分割いずれの方法によっても合意が得られない場合。 共有関係が残るので選択に際しては要注意。

◎換価分割（相続人4人として）

　　相続財産：不動産　預貯金　自動車　株式　その他動産類

　　　　　　　　　　　　　⇩

　　　　　　換価（売却等による現金化）

　　　　　　　　　　⇩

　　　　　　（換価額2000万円）

　　　　　　　　　　⇩　各自に500万円配分

　　　相続人X1　相続人X2　相続人X3　相続人X4

◎代償分割（相続人4人、うち一人が相続財産全部取得）

　　相続財産：不動産　預貯金　自動車　株式　その他動産類

　　　　　　　　　　　　⇩

　　　　　相続人X1が取得（総額2000万円）

　　　　　　　　⇩　X1は他の相続人へ
　　　　　　　　　　代償金として
　　　　　　　　　　各500万円配分

　　　相続人X2　相続人X3　相続人X4

39 遺産の評価方法はどのように決めるのか（不動産・動産）

◆ 評価時期

遺産の評価時期については、遺産分割時とするのが実務での運用です。

◆ 不動産

不動産の価格については、時価、公示価格、基準価格、固定資産税評価額、相続税路線価といった評価方法があります。評価をする目的により評価額も変わりますが、相続人全員の合意のもと、いずれかの評価方法によります。

評価方法に争いが生じた場合には、最終的には不動産鑑定士による正式な鑑定に拠ることになります。ただし、鑑定には費用も時間も掛かりますので、費用対効果も考慮して互いに譲歩するのが賢明と思われます。ちなみに、相続税を支払う必要があるケースでは相続税路線価、遺産分割調停では固定資産税評価額を評価方法とするケースが多いようです。

◆ 動産類

自動車については中古自動車販売業者などで査定評価します。宝石や貴金属については取引相場における価額を参考に評価することになります。骨董品（日本刀など）や絵画については専門家による鑑定によるケースが多いようです。

◆ 鑑定費用

鑑定に要した費用は相続人が法定相続分に応じて負担することになります。

✅ 主な遺産の評価方法

◎評価方法

種　　別	評価方法
不動産	時価、公示価格、基準価格、固定資産税評価額、相続税路線価など
自動車	中古自動車販売業者による査定
宝石・貴金属	遺産分割時に近接した相場価格
骨董品・絵画	専門家による鑑定

◎不動産の評価額

種　　別	評価対象	評価方法
自　宅	家屋	固定資産税評価額×1.0
	自家用地（市街地）	路線価方式：路線価（/㎡）×調整率×敷地面積
	自家用地（それ以外）	倍率方式：固定資産税評価額×評価倍率
借地上の建物	家屋	固定資産税評価額×1.0
	借地権	自家用地の評価額×借地権割合
貸地	貸地	自家用地の評価額×（1－借地権割合）
賃貸住宅（アパートなど）	貸家	家屋の固定資産税評価額×70%
	貸家建付地	自家用地の評価額×（1－借地権割合×借家権割合30%×賃貸割合）

＊国税庁ホームページ等参照

第3章　遺産分割──遺産をどのように分けていくか……95

40 遺産の評価方法はどのように決めるのか（金融資産）

◆遺産の多様化

　資産運用の多角化に伴い、遺産には預貯金債権の他にも株式、国債や投資信託なども見られるようになってきました。本項ではこれら金融資産について説明します（評価方法は右頁を参照）。

◆株式

　株式の本質は社員権ですから、株式は不可分であり、遺産分割がなされるまでは共同相続人が株式を準共有する状態となります。遺産分割の対象となり得るとして当然に分割されるものではないとするのが裁判実務です。

◆国債

　国債も他の債権と同様に、相続によって相続人に承継されるものです。「国債ニ関スル法律」によって購入単位が定められていることから、共同相続人がいる場合には、株式と同様に準共有と解することになるので、当然に分割されるものではありません。

◆投資信託

　「投資信託」のうち主流である「委託者指図型投資信託」における受益権は当然には分割されません。また、被相続人名義の口座に入金された「預り金」についても当然に分割されません。したがって、共同相続人の一人が、自己の相続分に相当する現金の支払いを販売会社に請求することはできません。

　投資信託の種類によって評価額の評価方法が異なる場合がありますので、取引先金融機関に問い合わせて確認するようにしてください。

✓ 金融資産

◎金融資産の相続

　　株式　　　　　　国債　　　　　投資信託の受益権

当然分割にならず、遺産分割がなされるまでは
共同相続人で準共有

評価方法を決めて分割

◎主な金融資産の評価方法

種別	評価方法
上場株式	①相続発生日の終値 ②相続発生日を含む月の終値の平均額 ③相続発生の前月の終値の平均額 ④相続発生の前々月の終値の平均額 　⇨ 上記①〜④の最も低い株価×持株数＝評価株価
非上場株式	相続発生日の時価（企業形態によって計算方式が異なる） 　＊類似業種比準方式、純資産評価方式、配当還元方式など
投資信託	相続発生日の解約請求等により支払を受けることができる価額 　＊その種類によって評価方法が異なる場合があります。
公社債	相続発生日の解約請求等により支払を受けることができる価額 　＊その種類によって評価方法が異なる場合があります。
金・プラチナ	相続発生日の買取り価格（価格／g×重量）
外貨預金	相続発生日の外国為替レートでの売却価格

※上場株式や上場投資信託などの口座は証券保管振替機構（通称「ほふり」）の「登記済加入者情報」に開示請求をすることで、どの証券会社にあるのかがわかります。

41 死亡保険の受取りに注意

◆ 受取人に特定の相続人が指定されていた場合

　被相続人の死亡により発生する死亡保険金請求権は、指定された受取人が保険契約から生じる固有の権利として取得することになります。したがって、相続財産には含まれません。

◆ 受取人を単に「相続人」としていた場合

　特段の事情がなければ、保険金請求権発生時（被保険者死亡時点）の相続人たる個人を保険金受取人として指定した保険契約と解し、この要件を満たす相続人固有の財産と扱われ、相続財産には含まれません。

◆ 保険契約者自らを受取人と指定した場合

　この場合には、保険金は相続財産に含まれることになりますので、遺産分割の対象となります。

◆ 受取人に指定された相続人とその他の相続人とのバランス

　保険金受取人である相続人とその他の共同相続人との間に生ずる不公平が民法903条の趣旨に照らして到底是認することができないほどに著しいものであると評価すべき特段の事情が存する場合には、特別受益に準じて持戻しの対象となります（最決平成16年10月29日民集58巻7号1979頁）。

◆ 相続税法上の注意点

　相続法上は相続財産に含まれない保険金であっても相続によって取得したものとみなして、相続税が課されます（相続税法3条1項柱書後段、1号）。これを「みなし相続財産」といいます。

98

☑ 死亡保険金に関する取扱い

◎死亡保険金の扱い

受取人	特定の相続人を指定	「相続人」と指定	契約者（被相続人）
遺産分割の対象	×（固有財産）	×（固有財産）	○
相続税の課税対象	○（みなし相続財産）	○（みなし相続財産）	○

◎みなし相続財産の評価（相続税）

　みなし相続財産：死亡保険金 ＋ 死亡退職金等

　⇩

| 相続財産に加える額（課税対象） | 非課税枠 |

　　＊非課税枠：500万円 × 法定相続人の数

　例　死亡保険金2000万円 －（500万円 × 法定相続人3人）
　　　＝500万が課税対象

◎遺産分割の計算では死亡保険金は加算しない

　相続財産1800万円（死亡保険金合計2000万円は加算しない）

相続人X　　　　相続人Y　　　　相続人Z

◎相続税の計算では死亡保険金を加算する

　死亡保険金を、相続人XとYが1000万円ずつ受け取った場合
　⇨　X ＝ 1600万円　　Y ＝ 1600万円　　Z ＝ 600万円
　　　2000万円 －（500万円 ×3）＝ 500万円が課税対象

　※この場合、相続税はXとYが負担することが一般的

42 遺産分割協議が調わなければ調停にて解決

◆遺産分割調停とは

　遺産分割について相続人間における遺産分割協議が調わないとき、あるいは一部の相続人が参加しないなどして遺産分割協議をすることもできないときは、共同相続人は家庭裁判所に遺産分割調停を申し立てることができます（民法907条2項）。

◆調停申立手続

　申立ては書面によることが求められ、各共同相続人が単独で申し立てることができます。

　調停事件として申し立てる場合には管轄は、相手方の住所地又は当事者が同意で定める家庭裁判所になります。相手方が複数いる場合には、いずれにするかを選択できます。

　申立てに必要な書面は右頁の通りです。

◆遺産分割調停の手順

　遺産分割調停は一般的には次のような手順で進められます。

①相続人の範囲の確定

②遺産の範囲及び遺産に付随する法律関係の確定をする

③遺産の評価の確定

④特別受益や寄与分の確定

⑤遺産分割方法の確定

　調停の進行状況によっては、②の遺産の範囲や③の遺産の評価について、後で蒸し返されたりしないようにするために中間合意という方法がとられることがあります。

☑ 遺産分割調停申立に必要な書類

1　申立書関係

①遺産分割調停申立書（正本・副本〈相手方の人数分〉）

②事情説明書（遺産分割協議が不成立となった事情などを記載すること）

2　証拠書類関係

①戸籍関係

　ⅰ）被相続人の出生時から死亡時までの戸籍謄本、除票

　ⅱ）相続人の戸籍謄本、住民票又は戸籍附票

②遺産関係

　ⅰ）不動産

　　不動産登記簿謄本

　　固定資産税評価証明書、不動産査定書等

　　借地借家関係の契約書

　ⅱ）預貯金

　　預貯金通帳（写し）、残高証明書（相続開始時）

　　株式その他有価証券関係の証書・取引履歴書等

　ⅲ）動産類

　　自動車検査証、骨董品・貴金属・宝石類等に関する鑑定書等

　ⅳ）債務関係

　　住宅ローンに関する契約書、借用書、督促状等

　ⅴ）特別受益、寄与分に関する資料

3　調停前の交渉がわかる資料

①遺言書

②不成立に終わった遺産分割協議書（案）

4　手続代理委任状

5　その他、申立先家庭裁判所で提出を求めている書面

43 遺産分割協議に瑕疵があった場合

◆遺産分割協議の無効・取消しとは

　①相続人でない者が遺産分割協議に加わっている場合や、共同相続人のうちの一人でも欠けた協議、②遺産分割の内容が公序良俗に反していた場合、民法その他の法令に違反していた場合、③第三者を欺くような内容若しくは実体のない協議をした場合、その遺産分割協議は「無効」となります。

　他に、相続税が軽減されると思って遺産分割をしたところ、軽減されなかった場合等で錯誤が問題となることがあります。遺産の評価について他の相続人に対して偽計を用いた場合などは詐欺が、遺産分割協議に応じるように威迫を働いたような場合には強迫が問題となったりします。このような場合には、遺産分割協議は、取消しとなります。

◆遺産分割協議の解除

　一方で、成立した遺産分割協議を、相続人の一人が他の相続人への債務不履行を理由に解除することはできないとする判例があります（最判平成元年2月9日民集43巻2号1頁）。

　また、成立した遺産分割協議について共同相続人全員が再度遺産分割協議をしようとしたときに、全員の同意によって解除（解約）することができるのかという問題があります。

　これについて「既に成立している遺産分割協議の全部又は一部を合意により解除した上、改めて遺産分割協議をすることは、法律上、当然には妨げられる」ものではないとの判例があり（最判平成2年9月27日民集44巻6号995頁）、実務上も行われています。

✅ 遺産分割協議に瑕疵があった場合

◎公序良俗違反があると無効となる

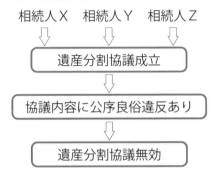

◎成立した遺産分割を解除することはできない

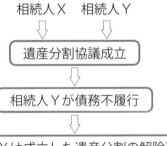

◎成立した遺産分割を合意解除することはできる

44 遺産分割協議に瑕疵があった場合の争い方

◆遺産分割に瑕疵がある場合

　遺産分割に瑕疵がある場合は、改めて遺産分割協議をすることによって瑕疵を解消することもできますが、瑕疵の原因を巡って相続人間の意見が対立するなど遺産分割協議が困難なこともあります。

　このような場合には、分割のやり直しになりますので、家庭裁判所に対して遺産分割調停あるいは審判を申し立てることができます。

◆遺産分割協議不存在確認の訴え

　遺産分割協議がなされていないにもかかわらず遺産分割協議書が存在していたり、あるいは遺産分割協議書が偽造されていたりした場合には、「遺産分割協議不存在確認の訴え」を提起することができます。

◆遺産分割協議無効確認の訴え

　遺産分割協議に無効原因や取消事由があった場合には【⇨43参照】、「遺産分割協議無効確認の訴え」を提起することができます。

◆遺産分割調停に瑕疵があった場合

　遺産分割調停の成立後、相続人の範囲や遺産の範囲について誤りがあったことが判明した場合には、①再調停の申立て、②調停無効確認の訴え、③再審の申立てなどの手段をとることができると解されています。

◆無効な遺産分割協議に基づいて不動産登記がなされた場合

　遺産分割協議が無効とされると、その所有権移転登記は理由がないものとなります。任意に解決できない場合には、所有権移転登記抹消登記手続請求訴訟により解決することになります。

☑ 遺産分割協議に瑕疵があった場合の争い方

◎争い方の種類

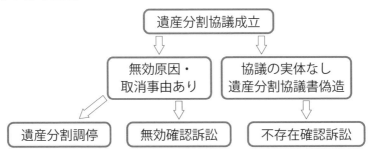

◎遺産分割調停に瑕疵があった場合の争い方

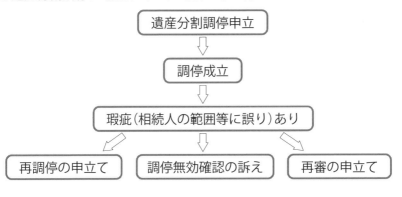

◎無効な遺産分割協議に基づいて不動産登記がなされた場合

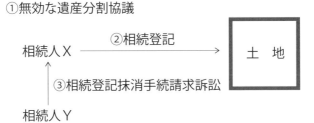

45 配偶者短期居住権

◆配偶者短期居住権とは

　遺産分割までの間、被相続人が所有していた建物に居住していた配偶者に居住の利益を保障する必要があります。平成30年改正相続法において、一方の配偶者死亡後でも、生存配偶者が遺産分割までの期間、居住建物を無償で使用することができる「配偶者短期居住権」を創設しました（民法1037条）。

◆政策的に設けられた法定の権利

　これは配偶者の短期的な居住権を保護するために政策的に設けられた帰属上の一身専属権であり、被相続人の意思にかかわらず成立し、また居住建物を取得した者との間では使用貸借権類似の権利義務関係になります。

◆配偶者短期居住権の類型

　遺産分割の当事者となる「1号配偶者短期居住権」（民法1037条1項柱書本文、1号）と、当事者とならない「2号配偶者短期居住権」（同項2号）との2類型があります。

　要件は、①居住建物が被相続人の財産に属したこと（民法1037条1項本文）、②相続開始時に居住していたこと（同項）、③居住建物に無償で居住していたこと（同項）、④配偶者短期居住権が成立しない場合（配偶者居住権を取得した場合、相続欠格事由あるいは相続から廃除の場合）でないこと（同項本文）、となります。

☑ 配偶者短期居住権

◎配偶者である相続人Ｘは居住を継続できる

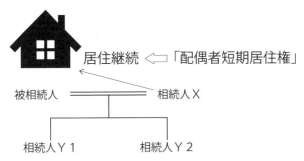

◎成立要件と居住できる期間

成 立 要 件
①居住建物が被相続人の財産であること
②相続開始時に居住していたこと
③居住建物に無償で居住していたこと
④消極要件 　相続欠格事由・相続廃除に該当しないこと 　　＊相続放棄は含まれません

居住できる期間
①１号配偶者短期居住権： 　遺産分割により居住建物の帰属が確定した日 　　　　　　　　OR　　　　　　　　　　　　のいずれか遅い日 　相続開始時から６か月が経過した日
②２号配偶者短期居住権： 　配偶者短期居住権の消滅申入日から６か月が経過した日

46 配偶者短期居住権の注意点

◆ 配偶者短期居住権の効力

　配偶者短期居住権が認められる場合、定められた期間の範囲内で居住できますが、従前と異なる用法で建物を使用することはできません。また、居住建物を使用するにあたっては、善良なる管理者の注意をもってする必要があります（民法1038条）。

　配偶者短期居住権の存続期間について、「1号配偶者短期居住権」は、遺産分割により居住建物の帰属が確定した日又は相続開始の時から6か月が経過した日のいずれか遅い日まで、「2号配偶者短期居住権」は、居住建物取得者による配偶者短期居住権の消滅申入れの日から6か月を経過する日までです。

　居住建物の修繕は、配偶者の負担になります。無断で第三者に使用させることはできません（民法1033条1項、1038条2項）。

　居住建物に課される固定資産税は配偶者が負担します（民法1034条）。また、配偶者短期居住権は、登記することができません。

◆ 居住建物のうち使用していた部分に成立

　配偶者短期居住権は、配偶者が居住建物のうちの使用していた部分にのみ成立します（民法1037条1項本文かっこ書）。

　配偶者が建物全体を住宅兼店舗として利用していた場合には、その建物全体について配偶者短期居住権が成立すると解されています。

　ただし、無償で使用していた場合に限られますので、店舗部分について、被相続人との間で賃貸借契約を交わして家賃を支払っていたような場合には、店舗部分には成立しません。

✅ 配偶者短期居住権の注意点

◎配偶者短期居住権の効力
　①一定の期間居住可
　②従前と異なる用法での使用不可
　③善管注意義務
　④存続期間
　　　1号配偶者短期居住権　⇨　遺産分割により居住建物の帰属が確定した日又は相続開始の時から6か月が経過した日のいずれか遅い日
　　　2号配偶者短期居住権　⇨　居住建物取得者による消滅申入れの日から6か月
　⑤修繕は配偶者負担
　　　増改築は不可
　⑥第三者による無断使用禁止
　⑦固定資産税は配偶者負担
　⑧登記不可

◎店舗部分を第三者に賃貸していた場合は効力は及ばない

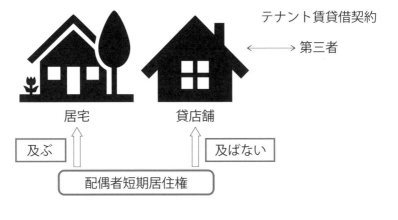

第3章　遺産分割──遺産をどのように分けていくか……109

47 配偶者居住権

◆ 配偶者居住権とは

　配偶者居住権は、配偶者の一方が死亡した後に、残された配偶者が長年住み慣れた建物に引き続き居住し、安定した生活が維持できるようにとの趣旨で平成30年改正相続法において新設された権利です。

◆ 配偶者居住権の要件

　要件は、以下になります。

①配偶者が、被相続人の財産に属した建物に相続開始時に居住していたこと。「配偶者」には内縁の者は含まれません。

②被相続人が居住建物を配偶者以外の者と共有していないこと（民法1028条1項ただし書）。子との二世帯住宅の場合には、この要件に該当しないことがあります。

③下記のいずれかに該当すること
　・当事者の意思による取得
　　遺産分割協議、遺言による遺贈又は死因贈与
　・遺産分割審判による取得

◆ 配偶者居住権の効力

　配偶者居住権が認められる場合、無償で使用及び収益する権利が認められ、その者は使用にあたって善管注意義務を負います。居住建物の所有者は登記義務を負います（民法1032条1項、1031条）。

　存続期間の定めがないときは終身となり、配偶者居住権は譲渡することができません（民法1030条、1032条2項）。増改築のほか、第三者に使用収益をさせるためには居住建物の所有者の承諾が必要です（1032条3項）。居住建物の修繕は原則として配偶者負担となります。

✓ 配偶者居住権

◎残された配偶者Xには配偶者居住権がある

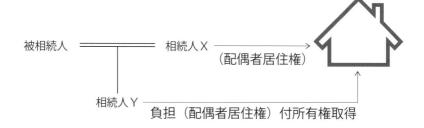

◎成立要件と効力

成 立 要 件
①相続開始時に居住していたこと
②居住建物が被相続人の単独所有であること
③ア　当事者の意思による取得 　　　⇨ 遺産分割協議、遺贈、死因贈与 　イ　遺産分割審判による取得

配偶者居住権の効力
①無償で使用・収益できる
②善管注意義務
③居住建物所有者に登記義務発生
④存続期間の定めがなければ終身
⑤第三者への譲渡不可
⑥増改築ほか、第三者に使用させる場合には居住建物所有者の承諾必要
⑦修繕は原則配偶者負担

48 配偶者居住権の注意点

◆配偶者が再婚した場合

　配偶者が再婚した場合でも、配偶者居住権は認められます。配偶者が遺産分割の一環として配偶者居住権を取得したものであること、居住用建物を居住目的でどのように利用するのかは取得した配偶者の自由であることなどが理由として挙げられています。

　配偶者居住権は、当該配偶者が死亡した時点で消滅します（民法1036条、597条3項）。配偶者居住権を取得した配偶者が死亡した場合には、その権利は消滅することによって、再婚相手はその建物に居住する権利を失います。

◆配偶者は所有者の承諾なく第三者に転貸することはできない

　例えば、老齢となった配偶者が介護施設に入るために、所有者の承諾なく、その居住建物を第三者に賃貸して、その賃料を介護費用等に充てようとすることはできません（民法1032条3項）。

◆二世帯住宅の場合には成立しない

　親の老後を心配して、あるいは住宅ローンの負担を軽減するために、二世帯住宅としたり、親子の共有名義としたりすることがあります。しかしながら、配偶者居住権は被相続人単独所有の居住建物を対象としているので、二世帯住宅では原則、配偶者居住権は成立しません。

◆被相続人と配偶者とが共有持分を有していた場合

　居住建物について被相続人とその配偶者とが共有持分を有していた場合には、配偶者居住権が認められます（民法1028条1項柱書）。

☑ 配偶者居住権の注意点

◎配偶者が再婚し、その後死亡した場合の配偶者居住権（例）

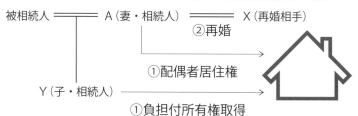

〈時系列〉
　①遺産分割協議により相続人Aが配偶者居住権取得
　　　　　　　　　　相続人Yが負担付所有権取得
　②A、Xと再婚　⇨　Aの配偶者居住権存続
　③A死亡　⇨　Aの配偶者居住権消滅
　　　⇨　XはYに対して、Aの配偶者居住権の主張不可

◎二世帯住宅の場合には原則、成立しない

◎被相続人と配偶者とが共有持分を有していた場合は取得可

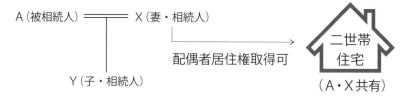

49 遺産分割協議書の書き方（事前準備）

◆ 遺産分割協議書を作成する前の準備作業

遺産分割協議書を作成するにあたって必要なことの一つ目は、相続人の確認です。戸籍謄本や法定相続情報一覧図にて確認しましょう【⇨18参照】。

二つ目は、遺産の確認です。確認にあたっては預貯金であれば相続開始時（死亡時）の残高証明書にて残高の確認が必要です。不動産であれば不動産登記簿謄本を用いてください【⇨36参照】。

三つ目は、遺言書のないことの確認です【⇨36参照】。

四つ目は、相続放棄、相続分の譲渡、相続分の放棄など、遺産分割協議から離脱する者がいないかのチェックです【⇨53 54参照】。

そして、各相続人から遺産分割についての希望や要望を事前に聴き、調整をするようにしてください。

他にも、分割方法の検討【⇨37 38参照】・遺産分割協議書案の提示と説明・相続税に関する説明は忘れないでおきましょう。

◆ 遺産分割協議書案の作成

遺産分割の方法としては、個々の相続財産を相続人各自が取得する「現物分割」、相続財産の全てを売却あるいは金銭に換えて、換価した金銭を各相続人が受領するという「換価分割」、相続人のうちの特定の者が相続財産を全て取得して、その取得した対価を代償金として他の相続人に支払うという「代償分割」、相続人全員が共有するという「共有分割」の4つの方法があります【⇨37 38参照】。

このどれによるかで遺産分割協議書の書き方も変わってきますので、事前準備の段階で相続財産の概要と、各相続人の希望調査は欠かせません。

☑ 遺産分割協議書作成にあたって

◎準備する際のチェックポイント

確認事項	確認にあたっての注意点
①相続人の確認	戸籍謄本、法定相続情報一覧図などで相続人の確認【⇨18参照】
②遺産の確認	預貯金 ⇨ 銀行等発行の残高証明書、通帳にて確認 不動産 ⇨ 不動産登記簿謄本、名寄帳などで確認【⇨36参照】
③遺言の確認	遺言があれば遺言優先 公正証書遺言 ⇨ 公証役場にて確認 自筆証書遺言 ⇨ 遺言保管所にて確認
④遺産分割協議からの離脱者の確認	相続放棄、相続分の譲渡、相続分の放棄などについて確認
⑤遺産分割についての意向調査	早期の円満解決を目指して各相続人から聴取する
⑥分割方法の検討	⑤の意向調査を踏まえて判断
⑦遺産分割協議書案の提示と説明	各相続人に理解を求め、合意形成につなげる
⑧相続税の説明	課税の可能性と納税額について説明をし、税額相当額の確保を図る

◎遺産分割協議書作成のコツ

①相続財産の確認
⇨ 漏れがあっては協議をまとめることはできない。
②法定相続分による各自の取得価額
⇨ 遺産分割協議の柱なので、各自の取得価額をきちんと算出。
③各相続人に現物での取得と現金での取得のどちらを希望するのかを聞く
⇨ 遺産分割方法によって協議書の書き方が異なるので、要確認。
④遺産分割協議書案の説明
⇨ 代償分割や換価分割の場合には、計算根拠を示して丁寧に説明する。
⑤相続税の確認
⇨ 相続税の課税が予想される場合には、税理士にも遺産分割協議書案をチェックしてもらい、相続税の納付を巡って争いが生じないよう適切に対応する。

第3章 遺産分割──遺産をどのように分けていくか……115

50 遺産分割協議書の書き方（全体構成）

◆ 遺産分割協議書全体の構成

遺産分割協議書については特に法律で書き方が決まっているわけではありませんが、概ね次のような構成です。

①表題は、「遺産分割協議書」といったタイトルです。

②前文は、遺産分割協議について合意に達したことを宣言する文言で、右頁冒頭「被相続人A……下記のとおり合意した。」の箇所です。

③本文は、遺産分割協議によって合意に達した事項で、具体的には、被相続人と相続人の特定（右頁1）、分割対象となる相続財産の確認（右頁2。財産が多岐・多数ある場合には「遺産目録」を別紙として作成すること。協議書本文が読みやすくなります）、各相続人が取得する財産の確認（右頁3～5）、成立後に財産の存在が判明した場合の対応（右頁6）などを記載します。

④後文は、本文の内容で遺産分割協議について相続人の全員の合意が得られたことを確認する文言で、右頁末尾「以上……各自が保有する。」の箇所です。

最後に、⑤協議成立年月日、⑥相続人各自の署名と捺印が入ります。

◆ 個別の注意点

遺産分割の対象となる相続財産の確認をしましょう。不動産登記簿謄本の記載に沿った記述にすることや、「金融機関・支店名」「預貯金の種別」「口座番号」の記載が重要です。

他に、協議成立後に相続財産の存在が判明した場合の対応や、署名・押捺を求めること（要印鑑登録証明書添付）にも注意しましょう。

✅ 遺産分割協議書の例

遺産分割協議書
①

② 被相続人Aの遺産について、同人の相続人全員において分割協議を行った結果、下記のとおり合意した。

③
1　相続人の確定
　　被相続人Aの相続人は、B（妻）、C（長男）及びD（長女）の3人であることを確認する。
2　被相続人の遺産
　　遺産は、別紙〔略〕遺産目録記載の財産であることを確認する。
3　相続人Bは次の遺産を取得する
　　別紙遺産目録（預貯金）1, 2記載の各預金
4　相続人Cは次の遺産を取得する
　　別紙遺産目録（不動産）1〜4記載の不動産
5　相続人Dは次の遺産を取得する
　　別紙遺産目録（預貯金）3〜5記載の各預貯金
6　相続人全員は、本協議書に記載のない財産又は債務があることが判明したときは、相続人Cがこれを取得することを確認する。

④ 　　以上のとおり相続人全員による遺産分割協議が成立したので、これを証するために本書を3通作成し、各自署名・押捺の上、各自が保有する。

⑤ 　　　　○○年○月○○日

⑥
　　　　　相続人B　　住所・署名　　　　実印押捺
　　　　　相続人C　　住所・署名　　　　実印押捺
　　　　　相続人D　　住所・署名　　　　実印押捺

51 遺産分割協議書の書き方（分割の方法）

　遺産分割には、現物分割、換価分割、代償分割と共有分割があります【⇨3738参照】。遺産分割協議書の書き方について以下、例を挙げていきます。

◆ 現物分割

　相続財産は、自宅の土地と甲銀行丙支店（普通預金　口座番号000001）の預金とし、相続人をA、Bとします。

　A、Bの2名による遺産分割協議の結果、各自が現物で取得するという内容で合意ができたとした場合、遺産分割協議書の「本文」は右頁①の「遺産分割協議書（現物分割）」のようになります。

◆ 換価分割

　相続人をA、B、Cとします。相続財産は、自宅の土地のみとします。

　A、B、Cの3名による遺産分割協議の結果、土地を売却して、その売却代金から売却のための諸費用を控除した金額を各自が法定相続分に従って取得するとの合意ができたとした場合、遺産分割協議書の「本文」は右頁②の「遺産分割協議書（換価分割）」のようになります。

◆ 代償分割

　相続財産は、自宅の土地と甲銀行丙支店（普通預金　口座番号000001）の預金とします。

　A、Bの2名による遺産分割協議の結果、Aが全て取得し、Bには代償金を支払うとの合意ができたとした場合、遺産分割協議書の「本文」は右頁③の「遺産分割協議書（代償分割）」のようになります。

118

☑ 分割の方法に応じた遺産分割協議書

①遺産分割協議書（現物分割）

1　相続人Aは、次の不動産を取得する。
　　　所在　○○市○○町1丁目
　　　地番　○番○
　　　地目　宅地
　　　地積　○○○. ○○㎡
2　相続人Bは、次の預金を取得する。
　　　甲銀行丙支店　普通預金　口座番号000001

②遺産分割協議書（換価分割）

　相続人A、同B及び同Cは、下記不動産を換価処分し、その換価代金から不動産登記手続費用、不動産仲介手数料、売却に伴う所得税その他の諸経費を控除した残金を各3分の1の割合で取得する。

（不動産の表記省略）

③遺産分割協議書（代償分割）

1　相続人Aは、次の不動産を取得する。
　　(1)所在　○○市○○町1丁目
　　　地番　○番○
　　　地目　宅地
　　　地積　○○○. ○○㎡
　　(2)甲銀行丙支店　普通預金　口座番号000001
2　相続人Aは相続人Bに対し、前項の遺産取得の代償金として金○○○万円を支払うこととし、これを○○年○○月○○日限り、相続人Bの指定する口座に振込による方法にて支払う。振込手数料は相続人Aの負担とする。

第3章　遺産分割——遺産をどのように分けていくか……119

52 建物を共有分割で取得した場合の遺産分割協議書

◆ 共有分割

　遺産分割の中でも共有分割は取得した相続人間で共有関係が残ってしまいトラブルにつながるというリスクがあります。それでも他の方法が採れない場合には、後の争いをできるだけ防ぐような遺産分割協議を調える必要があります。

◆ 収益不動産の場合

　アパートなど収益を生み出す不動産については、その取得を巡って相続人間で調整が付かないことがあります。これは、アパートが建物として評価するだけでは解決できない次のような問題を含んでいるからです。

①定期的に家賃収入を生み出すという収益性の評価
②賃貸人としての管理義務や費用負担
③空室になった場合のリスク
④大規模修繕時の費用負担

これらの問題が解決できずに、共有分割する例があります。

◆ 遺産分割協議書に記載することが望ましい事項

　遺産分割協議成立後に、あらたな紛争が相続人間で生じないようにするために、記載することが望ましい事項は次の通りです。

①持分割合
②家賃収入の分配方法
③管理方法
④費用の分担割合
⑤共有物分割請求の不行使期間

☑ 建物を共有分割で取得した場合の遺産分割協議書

遺産分割協議書

1　A、B及びCは、次の不動産（以下「本件不動産」という。）について、各持分3分の1の割合で取得する。

2　本件不動産に係る賃貸借契約の仲介、利益の分配、費用の支払、保守管理その他の賃貸に必要な事務は、株式会社Wに業務委託する。

3　A、B及びCは、次の事項を遵守するものとする。

　1）　本件不動産の賃貸借による収益・費用は、いずれも持分割合で取得・負担するものとする。

　2）　A、B及びCが収受する賃料（共益費を含む）について、前記株式会社Wに対して、賃料から業務委託に要する費用を控除した残額を、毎月末日限り、A、B及びCが予め指定した振込先口座宛に各送金させるものとする。

　3）　賃借人から受領した敷金は、A名義の○○銀行○○支店普通預金口座（口座番号＊＊＊＊＊＊）に預け入れ、Aはこれを費消してはならない。

4　A、B及びCは、本件不動産について本遺産分割協議が成立した日から5年間、共有物分割請求をしないことを確認する。

第3章　遺産分割——遺産をどのように分けていくか……121

53 相続分の譲渡

◆相続分の譲渡とは

　相続分の譲渡とは、遺産全体に対する共同相続人の包括的持分（プラス・マイナスを含めた相続）又は法律上の地位を譲渡することです（民法905条）。

　相続分の譲渡がされるのは、①第三者（内縁妻など）の遺産分割への関与、②当事者の整理、③共同相続人への譲渡をする場合などです。

　相続分の譲渡をするための特定の書式はありませんが、遺産分割前に行う必要があります。

◆遺産分割調停係属中における相続分の譲渡

　譲渡人から家庭裁判所に「相続分譲渡届出書」「相続分譲渡証明書」又は「相続分譲渡証書」（譲渡人と譲受人の両方の署名・押捺があるもの）及び「印鑑登録証明書」並びに「即時抗告権放棄書」を提出することになります。

◆相続分の譲渡の効果

　相続分の譲渡は、譲渡の時に効力を生じます。

　相続分の譲渡により、譲受人は譲渡人の相続分割合をそのまま承継取得して、遺産分割手続に関与できるようになります。債務といった消極財産がある場合、債権者に対して効力が当然には生じないので譲渡人が債権者から支払いを請求されることもあります。

　不動産の相続登記が必要な場合は、譲渡人の署名と実印が押捺された相続分譲渡証書と印鑑登録証明書を添付して相続登記を申請することになります。

✅ 遺産分割調停係属中における相続分の譲渡手続

◎相続分譲渡証明書（証書）

```
                 相続分譲渡証明書（証書）

 住  所
 譲渡人（甲）
 住  所
 譲受人（乙）
   甲は、乙に対し、本日、被相続人Ａ（本籍      ）の相続につ
 いて、甲の相続分全部を譲渡し、乙はこれを譲り受けた。


            年  月  日


            甲  署  名      印（実印押捺）
            乙  署  名      印
```

◎手続の流れと効果

> ①「相続分譲渡届出書」②「相続分譲渡証明書（証書）」
> ③「印鑑登録証明書」（譲渡人）④「即時抗告放棄書」

⇩ 提出

⇩

> 譲渡した相続人に対して「排除決定」
> （調停手続の当事者でなくなること）

第3章　遺産分割──遺産をどのように分けていくか……123

54 相続分の放棄

◆ 相続分の放棄とは

　共同相続人がその相続分を放棄することを「相続分の放棄」といいます。熟慮期間内に行う「相続放棄」（民法939条）とは異なります。相続が開始してから遺産分割までの間であればいつでもできます。また、特別の方式もありません。

　遺産分割調停係属中に行う場合には、本人の意思を明確にするために、本人の署名と実印による押捺をした相続分放棄届出書、即時抗告権放棄書及び印鑑証明書の家庭裁判所への提出が求められています。

◆ 「相続分の放棄」の効果（「相続放棄」とは異なる）

　相続人を妻、長男、長女として、長女が相続分の放棄をした場合を例に説明します。

　各自の相続分は妻1/2、長男1/4、長女1/4です。相続分放棄により長女の相続分1/4は他の相続人の相続分率に応じて再配分されるため、妻は1/6（2/3×1/4）、長男は1/12（1/3×1/4）になります。これを各自の元の相続分に加えると、妻は2/3（1/6＋1/2）、長男は1/3（1/12＋1/4）です。長女以外の相続分合計3/4の逆数4/3を妻と長男の各相続分に乗じても同じ結果になります（片岡武・管野眞一編著『第4版　家庭裁判所における遺産分割・遺留分の実務』日本加除出版、2021年、130頁以下参照）。

　相続分の放棄により他の相続人の相続分が変動します。共有持分の放棄（民法255条）と同様に考えて、相続分放棄者の相続分が、他の相続人に対して相続分に応じて帰属するものとして扱われています。

　なお、相続分を放棄しても、相続放棄とは異なり対外的効力はありませんので、債権者の承諾がなければ債務を免れることはできません。

☑ 相続分の放棄

◎相続分放棄届出書

事件番号 令和○年（家イ）第○○○○号　　　　遺産分割申立事件

被相続人亡A

○○家庭裁判所　御中

申立人　B

相手方　Cら

相続分放棄届出書

　上記遺産分割調停について、私は、下記のとおり、自己の相続分を放棄しましたので、お届けします。つきましては、本手続の当事者でなくなる裁判（排除決定）がなされても異議ありません。

相続分放棄書

　私は、本日、上記事件の被相続人亡A（死亡日）の相続について、不動産や預貯金等の一切の遺産に関する私の相続分を放棄します。

　　　　　年　　月　　日

　　　住　　所

　　　氏　　名　　　　　　　　署　　名　　　　印（実印押捺）

◎相続人が、妻、長男と長女で、長女が相続分を放棄した場合

①各相続人の相続分

　妻：1／2、長男：1／4、長女1／4

②長女が相続分を放棄したことによる再配分

　長女以外の相続分の合計：3／4　⇨　逆数：4／3

　　妻　：1／2 × 4／3 ＝ 2／3

　　長男：1／4 × 4／3 ＝ 1／3

第3章　遺産分割──遺産をどのように分けていくか……125

55 遺産分割協議後に遺言が出てきた場合

◆遺産分割協議後に遺言の存在がわかることもある

　生前に被相続人が家族の者に遺言書の存在を明かさないことは珍しいことではありません。そのため、遺産分割協議が調ってから遺品の整理を改めてしていたところ、例えば仏壇や神棚の奥など思わぬ場所から偶然に遺言書が発見されることがあります。遺言書が発見された以上被相続人の意思を無視することはできず、また次に説明するような相続人の資格や遺産分割自体に影響を及ぼす内容の遺言書であったりすると、成立した遺産分割協議の扱いが問題となります。

◆相続人の資格に関わる遺言であった場合

　遺言に認知が書かれていた場合、死後認知については、「相続人と称するものが現れた場合」で説明したとおり【⇨**11**参照】、民法910条が類推適用されるので、従前の遺産分割協議は無効となりません。

　また、遺言に廃除が書かれていた場合は家庭裁判所の審判による確定が必要です（民法893条）。「廃除」によって相続人の順位に変更が生じるような場合には、従前の遺産分割協議は無効となります。

　遺言で「廃除」の取消しがされていたときは、廃除が書かれていた場合と同じです。

◆遺産分割に関する遺言であった場合

　「包括遺贈」について書かれていれば、遺産分割の対象となる遺産は存在しないことになるので従前の遺産分割協議は無効となります。

　「特定遺贈」が書かれていた場合には、当該財産に関する遺産分割協議は無効となります。ただし、遺産分割協議全体に影響が及ばないときは、関係する条項のみが無効となります。

☑ 遺産分割協議後に遺言が出てきた場合

◎遺言の内容が相続人の資格に関わる場合

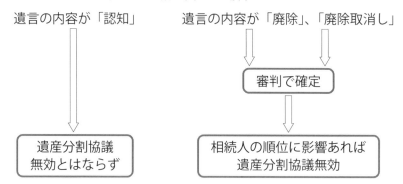

◎遺言の内容が遺産分割に関わる場合

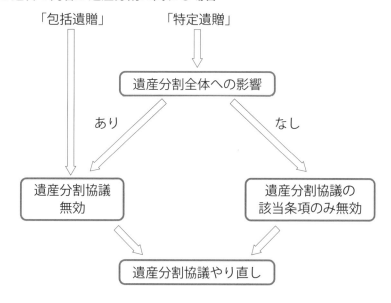

56 民事信託活用による遺産分散防止

◆ 遺産の分散

　被相続人が農家や個人事業者の場合、核となる農地や事業用資産も遺産分割の対象となります。

　遺産分割協議によって後継者となる相続人が取得できなければ事業継続も難しくなります。遺言によりこれを解決することもできますが、遺言は要式や内容が厳格に定められており、また死亡後に効力が生じますので、後継者への事業承継が円滑に進まないこともあります。

　これら遺産分割の欠点を補うのが「民事信託」です。「信託」とは、ある人（委託者）が、自分が有する一定の財産（信託財産）を信頼できる人（受託者）に管理を託して名義を移転し、受託者において信託財産を一定の目的に従って管理活用処分して、その利益を特定の人（受益者）に給付あるいは信託財産を引き渡す制度です。信託法によって規律されています。

◆ 信託においても遺留分侵害に注意

　民事信託によって遺留分侵害の問題は回避できるとの説明がされていましたが、信託と遺留分に関する有名な判決（東京地判平成30年9月12日金法2104号78頁）で、信託設定が遺留分制度を潜脱する意図でなされたものであり、公序良俗に反して無効とされたように、民事信託の方法によっても遺留分侵害の問題を回避することはできません。

　遺留分侵害の可能性がある場合には、信託対象財産である事業用資産や住居以外は他の相続人が取得できるように遺言したり、生前贈与をしたり、事前に相続予定者全員に信託について説明して、争いとならないような防止策を講じておくことが必要です。

128

☑ 民事信託の仕組み

◎信託の仕組み

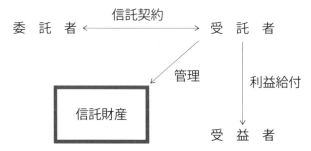

◎個人事業者Xが長男Aを後継者とした後継者承継型信託

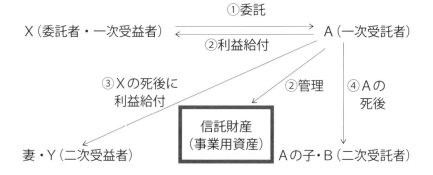

〈時系列〉
① Xが事業用資産を信託財産として、長男Aに委託
② Aは受託者として信託財産を管理（家業承継）して、委託者・受益者に収益を給付（生活費）。
③ Xの死後は妻Y（Aの母）は二次受益者となりAはYに給付。
④ Aの死後はAの子Bが二次受託者として信託財産（家業）を承継。

これにより事業用資産の散逸を防ぎ、被相続人死亡後の配偶者の生活を確保できる。

57 小規模宅地等の特例

◆ 小規模宅地等の特例とは

　被相続人と一緒に生活していた相続人が、相続税のために自宅に住み続けられなくなることを防ぐために設けられた相続税法の特例です（租税特別措置法69条の4）。この特例を相続人が受けられれば、自宅の土地（ただし、限度面積は330㎡）に「小規模宅地等の特例」が適用されて、相続税を0もしくは大幅に軽減することができます。相続税対策になるため、この特例を利用できる相続人が対象土地を取得できるように協議をまとめると、相続人全員にとっても有益です。

◆ 二世帯住宅に対する適用

　二世帯住宅に関しては、下記のように親名義の宅地（敷地）上に①建物を親子で共有している場合と、②区分所有している場合とでは特例の適用が異なります。二世帯住宅の場合は登記簿で必ず確認してください（租税特別措置法69条の4第3項1号、2号参照）。
　①建物が共有の場合：配偶者か二世帯住宅に住む子が相続すれば宅地全部に対して適用されます。
　②建物が区分所有の場合：配偶者や同居の子については特例の適用はありますが、同建物の区分所有者である子については特例の適用がありません。

◆ 自宅敷地以外の土地に対する適用

　被相続人が営んでいた事業用の宅地を、その事業の相続人が承継する場合と、被相続人が所有する貸付用の宅地（賃貸住宅・アパートの敷地）の当該貸付事業を相続人が承継する場合には適用があります（租税特別措置法69条の4第3項4号参照）。

☑ 小規模宅地等の特例

◎小規模宅地等の特例による減税効果

相続人：被相続人（父）と同居の長男Ａ、別居の長女Ｂ
土地（330㎡）：5000万円、家屋：1000万円、その他の財産：3000万円

【長男Ａが土地・家屋を相続した場合】

評価額　土地：1000万円　⇐　小規模宅地等特例により80％減
　　　　家屋：1000万円
　　　　合計：2000万円　⇐　課税価格の基礎となる

【長女Ｂが土地・家屋を相続した場合】

評価額　土地：5000万円
　　　　家屋：1000万円
　　　　合計：6000万円　⇐　課税価格の基礎となる
　＊課税価格に4000万円の差が生じるために、相続税額に大きな差異
　　（540万円）が出る。

◎二世帯住宅の注意点

①建物が共有　⇒　敷地全部に対して特例適用（評価額80％減）
②建物が区分所有　⇒　区分所有者の子については特例の適用なし。
　　　　　　　　　　同居の子については、親の登記した建物
　　　　　　　　　　の持分に相当する敷地面積に対して特例
　　　　　　　　　　が適用される。

◎自宅敷地以外の土地に対する特例の適用

①事業用の宅地（400㎡まで）　⇒　減額割合80％（自宅用地と同率）
②貸付用の宅地（200㎡まで）　⇒　減額割合50％

58 「負動産」の取扱いに注意①

◆ 不動産の放置に注意

「バブル時代」には投資目的で不動産の買いあさりがありました。そのためバブル時に購入した不動産の多くは使われることなく放置されている事案をよく見かけます。このような不動産は相続しても使い道もなく固定資産税や維持費ばかり掛かってしまう「負動産」なので、相続した者としては扱いに困ってしまいます。そこで「負動産」対策として、「土地」については令和5年4月に「相続土地国庫帰属制度」が創設されました。「空き家」については次項にて解説します。

◆ 相続土地の国庫帰属制度

相続人が利用できない土地について国に引き取ってもらう制度が「相続土地の国庫帰属制度」です。

申請権者は、相続又は遺贈により土地を取得した者等に限られます。

空き地であれば全て対象になるわけではありません。右の表に記載されている不承認事由のいずれかに該当する場合には対象となりません。地中に浄化槽や廃棄物が埋設されていた場合、購入時のローンが未払いで抵当権登記が抹消されていない場合などの土地は対象となりません。

また、無償では引き取ってくれません。法務大臣による承認後30日以内に10年分の土地管理費用相当額（20万円程度）を負担金として納付する必要があります。農地や山林などについては、面積に応じた金額で負担金が算定されます。

以上のように要件が厳しいので、利用を考える際には現地の状況や最新の登記簿謄本で確認するようにしてください。

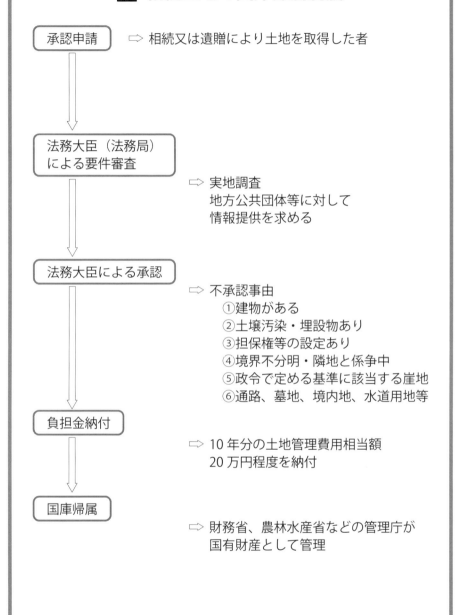

59 「負動産」の取扱いに注意②

◆ 空き家の税対策

　住む予定のない実家を相続した場合でも、その実家を売却するにあたって相続税法上特別控除（租税特別措置法35条3項）を利用することで、相続税対策をすることができます。この特例が適用されると譲渡所得から最高で3000万円を控除することができます。

　対象となる物件は、被相続人居住用家屋又は被相続人居住用家屋の敷地等です。

　「被相続人居住用家屋の敷地等」とは、相続開始直前において被相続人居住用家屋の敷地の用に供されていた土地又はその土地の上に存する権利をいいます。同一土地上に居住用家屋と車庫や倉庫が建っていた場合には、当該土地に対する居住用家屋の占有割合の範囲内となります。

◆ 特別控除を受けるための条件

　特別控除を受けるための条件は次の通りです。

①相続開始直前まで被相続人が一人で居住していたこと（相続直前に要介護認定を受けて老人ホームに入居していても可）。

②1981年5月31日以前に建築された家屋と土地、又はその要件を満たす空き家が建っていた土地（借地可）であること。

③相続開始日から3年経過後の12月31日までに売却すること。ただし、2027年12月末までの売却に適用されるので注意が必要。

④売却代金は1億円以下。

⑤相続時から譲渡時までに、事業用、貸付用、居住用として利用していないこと。相続人の居住も認められない。

✅ 空き家を相続した場合の特別控除

◎相続から特別控除までの流れ（概略）

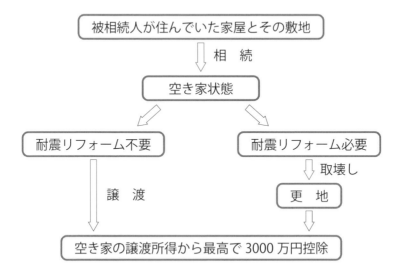

◎被相続人居住用家屋及び被相続人居住家屋の敷地等の範囲（事例）

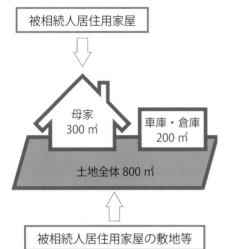

土地全体：800㎡、
居住用家屋：300㎡、
車庫・倉庫：200㎡
被相続人居住用家屋の敷地等
＝ 800㎡ × 300㎡ ／
　（300＋200）㎡ ＝ <u>480㎡</u>

＊詳細は、国税庁ホームページ等を参照

コラム❸

乗っ取り事件簿

　戦前の家督相続の名残もあって「家業は長男が継ぐものだ」との意識の
基で、いまでも代々長男が家業を相続していることがあります。

　そして、家業を維持するためには当主である長男の力だけでなく、それ
を支える妻の存在も無視できません。元々部外者であった妻の方が仕事や
経営内容を客観的に見ることができるだけに、当主以上に経営手腕を発揮
して益々商売繁盛になるケースもあります。当主夫婦に子どもがいれば、
子が次代を担うことで家業は承継されます。しかしながら、夫婦のみの場
合には、妻と当主の兄弟姉妹が相続人になります。この場合の法定相続割
合は妻3に対して兄弟姉妹1です。

　誰が家業を相続するのかを巡って争いになるケースもあり、相続割合か
らすれば妻が財産の大半を取得することになります。また兄弟らは既に別
の仕事に就いて家業を継ぐことができない場合もあります。これらの事態
において、妻が家業の財産を継ぐケースも十分に考えられます。家業を継
いだ妻が死亡したときは、妻の兄弟姉妹が相続人になるので、妻の兄弟姉
妹が家業を継ぐこともあり得ます。このことにより、当主A家としての家
業ではなくなりますが、代々引き継がれてきた財産や暖簾は途切れること
なく妻方のB家に引き継がれ、以後はB家代々の家業となります。

　かくして承継は無事になされ、財産だけでなく大切な暖簾、A家で培っ
た知識や技術が絶えることなく脈々と続いて行きますので、A家のご先祖
様も「これもありだなぁ」と喜色満面ではないでしょうか。

第4章

特別受益、
寄与分、遺留分

分割に影響を与える特殊な要素

60 生前贈与があった場合等には特別受益を考慮する

◆特別受益とは

　特別受益とは生前贈与や遺贈などによって一部の相続人が被相続人から受けた特別な利益のことをいいます。民法では、遺産分割に際し、相続開始時の財産に特別受益に該当する財産を加えたものを相続財産とみなし、これを相続分算定の基礎として各相続人の相続分を算定することにしています。

　そして、特別受益を受けた相続人については、この相続分から特別受益分を控除し、その残額をもって現実に受けるべき相続分とすると規定しています（民法903条1項）。相続人間の衡平を期すためです。特別受益を相続分算定の基礎に算入することを、「持戻し」といいます。

◆特別受益の範囲

　「持戻し」の対象となる主な財産は、①遺贈、②生前贈与によるものです。生前贈与については、婚姻、養子縁組のための贈与（結納金、持参金、支度金など）と、生計の資本としての贈与（不動産の分与、営業資金の贈与など）があります。

　大学以上の高等教育の教育費については、被相続人の生前の資産や収入状況、その他家庭事情等を考慮して判断されます。

◆持戻免除の意思表示

　被相続人が、「持戻しをしなくてよい」という「持戻免除の意思表示」をした場合には、その意思に従うものとされています（民法903条3項）。

✅ 生前贈与があった場合の特別受益の考慮

◎特別受益の内容

特別受益 ｛ 遺贈 / 生前贈与 ｝ ｛ ・婚姻又は養子縁組のための贈与
・生計の資本としての贈与
　①学資（高等教育〈大学以上〉の学費）
　②居住用不動産・取得資金
　③営業資金
　　　⇧
　贈与金額、贈与の趣旨などから判断 ｝

◎特別受益の持戻し

相続財産＋特別受益の持戻し分＝ みなし相続財産 【⇨62参照】
　　　　　　　　　　　　　　　　　⇩
　　　　　　　　　　　　　具体的相続分の基礎財産

◎特別受益の持戻しの例

相続人A（妻）、相続人B（長女）、相続人C（長男）
相続財産：5000万円
生前贈与：相続人Bへ1000万円を婚姻費用援助

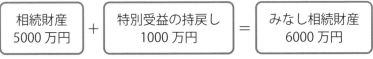

具体的相続分
相続人A：6000万円 × 1／2 ＝ <u>3000万円</u>
相続人B：6000万円 × 1／4 ＝ 1500万円
　　　　1500万円 － 1000万円（特別受益分）＝ <u>500万円</u>
相続人C：6000万円 × 1／4 ＝ <u>1500万円</u>

61 特別受益が問題となるケース

◆ 相続人のうちの一人が死亡保険金の受取人となった場合

「死亡保険金は、民法903条1項に規定する遺贈又は贈与に係る財産には当たらない」として特別受益を否定する判例（最決平成16年10月29日民集58巻7号1979頁）があります。ただし、相続人間で生じる「不公平が民法903条の趣旨に照らし到底是認することができないほどに著しいものであると評価すべき特段の事情が」ある場合には、「特別受益」として「持戻し」の対象となります。

◆ 相続人が被相続人の土地に安く借地権を設定していた場合

借地権相当額の対価つまり地代を相続人に支払っていても近隣の地代相場よりも低廉な（安い）場合には贈与と同視して「特別受益」に該当することがあります。

◆ 相続人の配偶者が被相続人から生前贈与を受けていた場合

被相続人から共同相続人の一人の配偶者に対してなされた農地の贈与に関する事案において「共同相続に対する特別受益に該当する」とした審判例があります（福島家裁白河支部審判昭和55年5月24日家月33巻4号75頁）。

◆ 被相続人が相続人の借金を肩代わりした場合

被相続人が借金を代わりに支払ったことになりますので、贈与とみる余地はあります。しかし、借金を代わりに支払った被相続人は借主である相続人に対して「求償権」を取得しますので、当然には「贈与」になるものではありません。被相続人が「求償権」を放棄したと認められるか否かが「特別受益」を判断する基準となります。

☑ 特別受益が問題となるケース

◎死亡保険金は原則特別受益にはあたらない

　相続財産 ＋ 死亡保険金 ＝ みなし相続財産

　死亡保険金受取人の具体的相続分

　⇨（みなし相続財産 × 法定相続割合）－（死亡保険金）

◎地代が相場よりも低廉の（安い）場合に特別受益にあたる

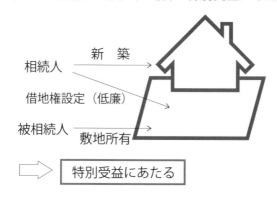

⇨　特別受益にあたる

◎相続人の配偶者への生前贈与は特別受益にあたる

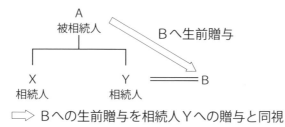

⇨ Bへの生前贈与を相続人Yへの贈与と同視

◎被相続人の借金の肩代わりは求償権の有無により特別受益か判断される

　求償権あり　⇨「特別受益」にあたらない

　求償権放棄　⇨「特別受益」にあたる

62 特別受益の評価方法

◆ 相続開始時の評価

特定の相続人への生前贈与が特別受益に該当する場合には、相続開始時の遺産額に生前贈与の金額を加算した上でそれを「みなし相続財産」として、各共同相続人の相続開始時の相続分を算出します。

◆ 遺産分割との関係

遺産分割は「遺産分割時」をもって基準とします。他方で、特別受益の評価は「相続開始時」を基準としますので、特別受益がある場合の遺産分割においては、「相続開始時」と「遺産分割時」とで遺産についてそれぞれ評価することになります。

◆ 贈与した財産が滅失又はその価格に増減がある場合

相続開始当時には、贈与した財産が原状のままあるものとみなして算定します。受贈者の行為によらずにその財産が滅失した場合は、特別受益はなかったものとして扱い、また、価格に変動があった場合には、相続開始時価格にて算出します。

金銭は物価変動に従ってその価値が変わります。そのため、金銭による贈与を受けた場合には、贈与を受けた当時と相続開始時とで貨幣価値の変動を考慮して消費者物価指数を用いて評価することになります。

金銭以外の贈与、例えば自動車、高級家具などについては、物価変動は考慮しないという扱いがされています。

✅ 特別受益の評価方法

◎みなし相続財産

　相続財産 ＋ 特別受益持戻し分 ＝ みなし相続財産

◎評価は相続開始時が基準となる

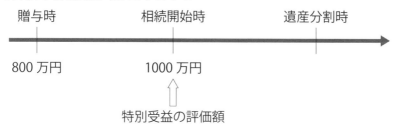

◎価格変動があった場合は相続開始時価格にて算出

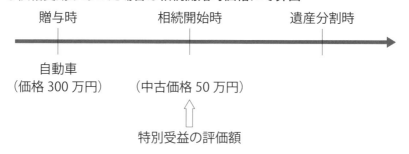

◎金銭の場合は貨幣価値の変動を考慮して評価する

　（計算式）贈与時の金額 × 相続開始時の消費者物価指数 ÷ 贈与時の消費者物価指数 ＝ 特別受益評価額

　例　平成元年　100万円生前贈与（消費者物価指数86.9）
　　　令和4年　相続開始時（消費者物価指数102.3）
　　　100万円 ×（102.3÷86.9）＝ 117万7215円
　　　特別受益の評価額：117万7215円

＊　日本銀行ホームページ参照

63 寄与分

◆寄与分とは

　寄与分とは被相続人の家業の従事や介護に努めるなどして、被相続人の財産の維持又は増加について特別の寄与をした相続人がいる場合、他の相続人との間の実質的な衡平を図るために、他の相続人よりも多くの財産を取得させる制度です。

　寄与分を主張するための要件は、①「特別の寄与」であること、②「無償」であること、③被相続人の財産の維持又は増加について寄与があったこと、です。

◆寄与分の算定

　寄与分の額については、寄与の時期、方法及び程度、相続財産の額その他一切の事情を考慮して決定されます。「一切の事情」としては、①家業に従事していたこと、②介護に尽くしたこと、③被相続人名義の不動産を管理していたことなどがあります。

◆寄与分の決定

　相続人間で協議ができないときは、家庭裁判所に調停を申し立てることになります。家庭裁判所の調停でもまとまらなければ家庭裁判所の審判により決定されます。

　家事審判において寄与分の決定を求めるにあたっては、遺産分割後の主張は認められず、また遺産分割の審判も係属している必要があります。

☑ 寄与分

◎寄与分主張の要件

① 「特別の寄与」

⇨ 夫婦間協力扶助義務、親族間の扶養義務・互助義務の範囲内の行為は該当しない

② 「無償」

⇨ 家業を無償で手伝っていた場合、給与を受けていても労働の対価として低廉であった場合は「無償」性肯定

③ 「維持又は増加があったこと」

⇨ 相続人の寄与があって財産が増加した後に被相続人の事業が失敗して、財産が減少・逸失した場合は、寄与分否定

◎寄与分の算定

（事例）

被相続人Aの相続財産1000万円。相続人はB（妻）、C（長女）、D（長男）。Cが生前Aの介護・家業に貢献していたことから寄与分として100万円が認められた。

（基本計算式）

相続財産 － 寄与分 ＝ みなし相続財産

みなし相続財産 × 法定相続分 ＝ 一応の相続分

寄与のあった相続人：一応の相続分 ＋ 寄与分 ＝ 具体的相続分

（事例について）

1000万円 － 100万円 ＝ 900万円

B：900万円 × 1／2 ＝ 450万円

C：900万円 × 1／4 ＝ 225万円

225万円 ＋ 100万円（寄与分）＝ 325万円

D：900万円 × 1／4 ＝ 225万円

64 相続人以外の者が特別の寄与をしていた場合

◆特別寄与料制度

　平成30年改正相続法において、特別寄与者による特別寄与料の支払請求制度が新設されました（民法1050条）。

　「特別寄与者」については、「被相続人の親族」で相続人以外等と定められています。民法の規定によれば「親族」とは、①6親等内の血族、②配偶者、③3等親内の姻族になります。内縁の配偶者、養子縁組をしていない事実上の養子は含まれません。

　特別寄与は、①被相続人の財産の維持又は増加について特別の寄与をしたこと、②寄与行為が「無償」であることが要件となります。

◆特別寄与料請求の手続

　被相続人の死亡後、相続人に対して特別寄与料の請求をし、合意書を作成します。この協議が調わなければ、家庭裁判所に対して請求し、調停又は審判を受けることができます。

　ただし、特別寄与者が、相続の開始及び相続人を知った時から6か月を経過したとき、または相続開始のときから1年を経過したときは、特別寄与料は請求できません。

◆特別寄与料の負担

　協議で特別寄与料が認められた場合には、各相続人がその法定相続分又は指定相続分に応じて負担することになります（民法900〜902条）。

146

☑ 特別寄与

◎被相続人を介護した長男の妻は特別寄与料を請求できる

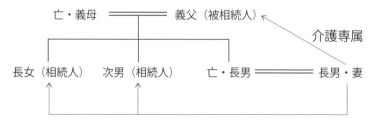

　　　　＊相続分に応じて個別に請求可
　　　　＊相続税課税対象になることに注意

◎請求方法

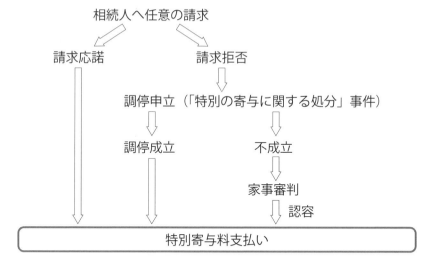

◎特別寄与料の負担額の計算式

　特別寄与料 × 各自の具体的相続分 ＝ 各自の負担額

65 遺留分

◆遺留分制度とは

遺留分は、遺言でも奪えない、一定範囲の相続人の最低限度の遺産取得割合です。遺留分制度とは、被相続人が有していた相続財産について、その一定割合の承継を一定の法定相続人に保障する制度です（民法1042条以下）。

◆遺留分権利者の範囲

遺留分権利者としては、配偶者、子、孫などの直系卑属、親、祖父母などの直系尊属です。兄弟姉妹は除かれています（民法1042条1項）。胎児は、生きて生まれたときに「子」として遺留分が認められます（民法886条）。

代襲相続人にも遺留分が認められています（民法1042条2項、901条）が、相続放棄をした者、相続欠格者、相続を廃除された者は、遺留分権利者とはなりません。

◆遺留分の割合

まず、全体でどのくらいの遺留分が認められるのかという総体的遺留分について、直系尊属のみが相続人である場合は、相続財産の3分の1とされ、それ以外は2分の1とされています。

総体的遺留分に法定相続分をかけて算定したものを各遺留分権利者に、個別的遺留分として配分します。

相続人が現実に受ける相続利益が法定の遺留分額に充たない場合には、他の相続人や受遺者に対して「遺留分侵害額請求」をすることができます（民法1046条）。この遺留分侵害額請求については **68** で詳細に説明します。

✅ 遺留分制度

◎遺留分を侵害された次男は遺留分侵害額を請求できる【⇨**68**参照】

父親（被相続人）　遺産：1億2000万円
　　　　　　　　　　　　　　　　　預金2000万円

遺贈（1億円）

長男（相続人）　◀━━　次男（相続人）

遺留分侵害額請求

◎相続人ごとの遺留分の額

	法定相続分	遺留分	備　考
配偶者	全部	1/2	
子（直系卑属）のみ	全部	1/2	複数の場合は人数に応じて按分
父母（直系尊属）のみ	全部	1/3	同　上
兄弟姉妹のみ	全部	なし	同　上

＊代襲相続の場合は、被代襲者の遺留分を人数に応じて株分け
　例：代襲者の子の子（孫）2人：1/2×1/2＝1/4（遺留分）

◎配偶者＋相続人のときの遺留分の額

		法定相続分	遺留分	備　考
子（直系卑属）	配偶者	1/2	1/4	
	子	1/2	1/4	複数の場合は人数に応じて按分
父母（直系尊属）	配偶者	2/3	1/3	
	父母	1/3	1/6	複数の場合は人数に応じて按分
兄弟姉妹	配偶者	3/4	3/8	
	兄弟姉妹	1/4	なし	複数の場合は人数に応じて按分

＊代襲相続の場合は上記図注参照

第4章　特別受益、寄与分、遺留分──分割に影響を与える特殊な要素……149

66 まずは財産を確定させる（遺留分算定その１）

◆ 遺留分算定の基礎財産の確定

遺留分を算出するにあたって相続開始時において有する財産の価額に、贈与財産を加えた額から、債務の全額を控除した額（遺言による遺贈財産を含む）を基礎財産として設定します。

◆ 贈与財産の加算

以下のものは遺留分算定の基礎財産の算定の際に贈与財産として考慮されます。

①名目のいかんにかかわらず全ての無償処分
②第三者に対する贈与は相続開始前１年間になされたもの
　遺留分権利者に損害を加えることを知ってされた「悪意の贈与」は、この制限を受けません。
③特別受益
　「特別受益」に該当する場合には、それが相続開始前の10年間にされたものであれば、特別受益と評価される価額に限り、遺留分算定の基礎財産に算入されます。特別受益について「持戻し免除」の意思表示がある場合でも遺留分算定の基礎となります。
④負担付贈与
　贈与の目的財産の価額から負担の価額を控除した額です。
⑤不相当な対価でなされた有償行為

◆ 債務の控除

被相続人の債務については、被相続人の負担した全ての債務が控除の対象となります。基礎財産は、遺産分割と同様に相続開始時を基準に客観的評価額に基づいて評価されます。

150

☑ まずは財産を確定させる

◎遺留分を算定するための財産の価額の計算式

相続開始時における被相続人の積極財産（遺贈財産含む）

＋

相続人に対する生前贈与（原則10年以内）

＋

第三者に対する生前贈与（原則1年以内）

−

被相続人の債務額

◎個別遺留分

遺留分を算定するための財産の価額

×

遺留分率（「総体的遺留分割合」×「法定相続分割合」）

◎遺留分侵害額の計算式【⇨**68**参照】

個別遺留分

−

遺留分権利者が受けた贈与・遺贈・特別受益の額

−

遺産分割の対象財産がある場合において遺留分権利者の
具体的相続分に相当する額

＋

遺留分権利者が負担する相続債務

67 遺留分を算定するための財産（遺留分算定その２）

◆遺留分を算定するための財産とは

　まず、基礎財産算出にあたって、基本としては、被相続人が相続開始時に有していた財産が該当します。具体的には、①相続開始時に現存している財産（祭祀財産は除く）、②遺贈、③死因贈与です。

　また、被相続人が生前にした贈与も該当します【⇨**66**参照】。具体的には、以下のものです。

④相続人に対する贈与

　相続開始前10年以内になされたもので、かつ、特別受益に該当するものが対象となります。

⑤相続人以外の者に対する贈与

　相続開始１年以内にされた贈与が対象となります。ただし、被相続人及び受贈者双方が、遺留分権利者に損害を加えることを知って（「加害の意思」）なされた贈与ついては期間の制限はありません。

⑥特別受益について

　④に該当する特別受益は算定の財産となります。「持戻免除の意思表示」があった場合でも、実務においては遺留分算定の財産として扱われています。

◆死亡保険と死亡退職金

　死亡保険は、死亡保険金受取人が「被相続人」と指定されている保険に限り財産として算定します。死亡退職金は、退職金規程又は法律等によって受給者が定められている場合には、遺留分算定の財産には該当しません【⇨**41**参照】。

☑ 遺留分を算定するための財産の価額の計算式（詳細）

相続開始時における被相続人の積極財産
①相続時に現存している財産
②遺贈
③死因贈与

＋

相続人に対する生前贈与
相続開始前10年以内の特別受益に該当すること

＋

第三者に対する生前贈与
相続開始前1年以内の贈与

＋

その他
死亡保険 　　受益者が「被相続人」となっているものに限る
死亡退職金 　　含まれない

－

被相続人の債務額（相続債務）
住宅ローン 　借入金 　未払税金・公共料金 　医療費など

68 遺留分侵害額請求 （遺留分算定その３）

◆遺留分の侵害とは

　相続人が現実に受ける相続利益が法定の遺留分額に充たないことを「遺留分の侵害」といいます。請求権者は、遺留分権利者とその承継人です。一方、請求の相手方は、遺留分侵害額を負担する受遺者、受贈者及びその包括承継人です。

◆遺留分侵害額請求の方法

　遺留分侵害額請求権は、意思表示の方法によって行使する必要があります。遺産分割協議の申入れをしただけでは足りず、遺留分侵害額請求権を行使することを明示する必要があります。遺留分侵害額請求に対して、当事者間で協議が調わないときには、民事訴訟による解決の他に、家庭裁判所に調停を申し立てる方法もあります。

◆遺留分侵害額請求権の行使期限

　遺留分侵害額請求権は、遺留分権利者が、相続の開始及び遺留分を侵害する贈与又は遺贈があったことを知った時から１年間行使しないときは、時効により消滅するとされています。また、相続開始時から10年を経過すると期間内に権利を行使しないと権利が当然に消滅する除斥期間により消滅します。

　遺留分侵害額請求権の行使は、遺留分侵害額を具体的に計算した上で意思表示をする必要も、訴えの方法による必要もありません。消滅時効の期限や除斥期間が迫っていた場合には、大雑把でも遺留分を計算して遺留分を侵害している可能性があれば、失効を防ぐためにも、遺留分侵害額請求をしておくのが無難です。

✅ 遺留分侵害額請求

◎遺留分が侵害されているかを確認する

(個別遺留分) －｛(遺留分権利者が受けた贈与等) ＋ (具体的相続分相当額))｝＋ (相続債務) ＝ 算出結果

⇩

0円 ＜ 算出結果 ⇒ 遺留分侵害額請求可
0円 ≧ 算出結果 ⇒ 遺留分侵害額請求不可

◎遺留分侵害額請求の方法

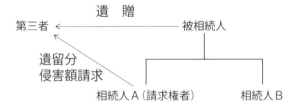

◎遺留分侵害額請求の流れ

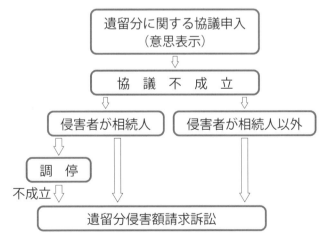

69 遺留分侵害額（遺留分算定その４）

◆遺留分を侵害する相手方の負担割合と順序

　遺留分の侵害額としては、相続人以外の受遺者や受贈者及びその包括承継人は、その受けた遺贈又は贈与の価額を限度として負担します。受遺者と受贈者とがいる場合には、前者が先に遺留分侵害額を負担します（民法1047条１項１号）。

　遺留分額侵害者が複数いる場合、同順位者の一人又は先順位者が無資力であったことにより遺留分権利者が侵害された全額を回収できなかった場合でも、そのリスクは遺留分権利者が負担し、次順位者に負担を課すことはできません（民法1047条４項）。

◆２人以上の遺贈者・受贈者がいた場合の負担割合

　遺贈・贈与の目的の価額に応じて遺留分侵害額を負担します。贈与が複数あった場合には、新しい贈与を受けた者から遺留分侵害額を負担することになります（民法1047条１項３号）。

◆死因贈与と寄与分

　贈与者の死亡時に効力が生じる「死因贈与」があります（民法554条）。死因贈与の受贈者は、受遺者に次いで、生前贈与の受贈者よりも先に相手方とするべきと解されています（東京高判平成12年３月８日判タ1039号294頁参照）。したがって、①受遺者、②死因贈与の受贈者、③生前贈与の受贈者の順になります。

　また、遺留分算定の基礎財産に関する民法1043条、遺留分侵害額請求を定める1046条、1047条において、遺留分制度から寄与分制度を排除しています。よって、遺留分侵害額請求では、相手方の寄与分は考慮されません。

☑ 遺留分侵害額の計算例

◎事例　遺贈を受けた第三者への請求

> 被相続人Ｘには、妻Ａ、子Ｂ・Ｃがいる。Ｘは遺言でＹ１に対して5000万円、Ｙ２に対して3000万円を遺贈している。Ｘの残余財産は2000万円の預金のみであった。

〈相続人Ａの遺留分〉

　（2000万円＋8000万円）×（1／2 × 1／2）＝ 2500万円

〈相続人Ｂ・Ｃの遺留分〉

　（2000万円＋8000万円）×（1/2 × 1/2 × 1/2）
　＝ 1250万円

〈遺留分侵害額〉

　相続人Ａ：2500万円 －（2000万円 × 1/2（法定相続割合））
　＝ 1500万円
　相続人Ｂ・Ｃ：1250万円 －（2000万円 × 1/2 × 1/2）
　＝ 750万円

〈Ｙ１とＹ２に請求できる額〉

　Ｙ１に対しＡ：937.5万円、Ｂ：468.75万円、Ｃ：468.75万円
　Ｙ２に対しＡ：562.5万円、Ｂ：281.25万円、Ｃ：281.25万円
　　＊ Y1とY2の遺贈の価格割合（5：3）にて負担額按分

70 事業承継を円滑に行うための遺留分に関する民法の特例

◆ 事業承継における遺留分の問題点

　推定相続人（現時点で相続が発生した場合、相続するはずの人）が複数いる場合、被相続人である先代経営者が後継者に自社株式・事業用資産を集中させて承継しようとしても、「遺留分」の問題があり、事業承継が円滑に行かないことがあります。このような問題に対処するために、「中小企業における経営の承継の円滑化に関する法律」は「遺留分に関する民法の特例」を規定しています。

　この特例を活用することによって、後継者を含めた先代経営者の推定相続人全員が合意の上で、先代経営者から後継者に贈与等された自社株式や事業用資産の価額について、遺留分を算定するための基礎財産から除外し、又は遺留分を算定するための財産の価額に算入する価額を合意時に固定することができるようになりました。

◆ 遺留分に関する民法の特例の要件

①推定相続人全員及び後継者が合意書を締結していること（除外合意）

②経済産業大臣の確認

　①の合意をした日から１か月以内に経済産業大臣に申請する必要があります。また、個人事業者の場合は経済産業大臣による確認の前に「認定支援機関＊の確認書」が必要です。

③家庭裁判所の許可

　②「確認書」の交付を受けた日から１か月以内に家庭裁判所に許可の申立てをし、「許可」を受ける必要があります。

＊中小企業支援に関する税務や財務等の専門的知識や実務経験が一定レベルにある者として、国（中小企業庁）の認定を受けた支援機関。

☑ 遺留分に関する民法の特例を利用するための要件

◎会社の経営承継の場合

	要　件
会社規模	中小企業。 合意時点において3年以上継続して事業を行っている非上場会社
先代経営者	過去又は合意時点において会社の代表者であること
後継者	合意時点において会社の代表者であること。 先代経営者から贈与等により株式を取得したことにより、会社の議決権の過半数を保有していること

◎個人事業経営承継の場合

	要　件
先代経営者	合意時点において3年以上継続して事業を行っている個人事業者であること。 後継者に事業の用に供している事業用の全てを贈与したこと
後継者	中小企業者であること。 合意時点において個人事業者であること。 先代経営者から贈与等により事業用資産を取得したこと

＊中小企業庁ホームページ参照

第4章　特別受益、寄与分、遺留分──分割に影響を与える特殊な要素……159

71 遺留分の放棄

◆ 相続開始前の遺留分放棄には家庭裁判所の許可が必要

　遺留分請求権の行使の有無は、遺留分権利者各自に委ねられています。しかしながら、被相続人の生前においては、被相続人や他の共同相続人らから遺留分権を予め放棄するように圧力を掛けられる可能性があります。このような事態を防ぐために、相続開始前に遺留分の放棄については家庭裁判所の許可を必要とすると規定しています（民法1049条1項）。なお、遺留分の事前放棄の許可申立てができるのは、遺留分を有する第一順位の相続人であると解されています。

◆ 事前放棄の申立方法

　遺留分権利者は、被相続人の生前に遺留分の事前放棄ができます。事前放棄は、相続人となる者の住所地を管轄する家庭裁判所に申し立てます。家庭裁判所は、遺留分権利者の自由意思、放棄する理由の合理性、放棄の必要性、放棄と引き換えの代償の有無などを考慮して、相当と認めた場合に許可の審判をします。

◆ 遺留分の放棄の効果

　相続開始後は遺留分権利者は、相続人となります。

　被代襲者が遺留分の事前放棄をしている場合には、代襲相続人には遺留分は生じません。また、遺留分を侵害する遺贈又は贈与がなされても、遺留分侵害額請求をすることはできません。さらに放棄により、他の共同相続人の遺留分が増加することはありません。

　遺留分を放棄する代償として金銭等によって贈与を受けていた場合には、遺留分侵害になるおそれはありますので、遺留分の放棄をする場合には事後のことを十分に検討しておく必要があります。

☑ 遺留分の放棄

◎事前放棄の流れ

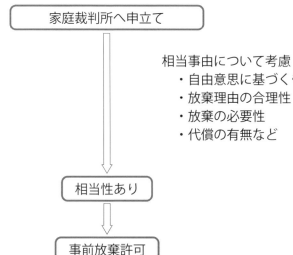

◎遺留分放棄の効果

①他の共同相続人の遺留分に影響しない
　相続人A（妻）、相続人B（長男）、相続人C（長女）の場合
　遺留分割合は、A：1／4、B・C：各1／8
　ここで、Cが遺留分（1／8）を放棄した場合でも、遺留分は
　A：1／4、B：1／8のまま

②被相続人から生前贈与を受けた場合は遺留分侵害のおそれ
　　生前贈与額 ＞ 遺留分
　　⇨　遺留分放棄者に対して遺留分侵害額請求の可能性あり

コラム 4

酒屋は "一子相伝!?"

　個人で酒屋を営業しようとするときは「酒類販売業免許」が必要です。

　そのため個人営業の酒屋（酒類販売業）で店主が死亡した場合、家業でもある酒屋を存続させるためには、相続人が酒類販売の免許を承継する必要があります。

　相続により免許を承継できる「相続人」は三親等内の親族とされていますので、店主の子、孫、兄弟姉妹です。店主の子が相続した場合、他の相続人は販売相続の放棄をしなければならないなど、厳しい「掟」があります。まさに「一子相伝」です。

　皆さんお気付きのとおり、夫と一緒に酒屋を切り盛りし、繁盛店に仕立て上げた敏腕の妻には相続権がありません（かわいそうですよね）。

　大切なお店と妻の笑顔を残すために、これからのことをきちんと話し合っておくとお家安泰につながります。

　かつて酒屋さんがコンビニになることが多かった時期があります。酒類の扱いはコンビニの売上に大きく貢献するため、もともと「酒類販売業免許」という販売許可を持っている酒屋さんはコンビニのフランチャイズ契約に有利で都合が良かったわけです。そんな理由があったんですね。立地条件により「酒類販売業免許」ありき、がなんとも面白い当時の風景です。凄腕の妻は新商品を開発し、コンビニスイーツを巧みに売り捌いていることでしょう。

第5章

つい見逃してしまう注意事例

初心者が注意すべき落とし穴

72 改正民法の知識を アップデートする

◆ 相続法改正の概略

　相続法（正確には「民法第五編　相続」）についての主な法改正は次の通りです。

　昭和22年改正では、「家督相続」の廃止・配偶者の相続権制定があり、昭和37年改正では、代襲相続制度の見直し・相続放棄と限定承認の見直し・特別縁故者への分与制度新設がありました。昭和55年改正では、配偶者の法定相続分の引上げ・寄与分制度の新設・兄弟姉妹の代襲相続の制限・遺産分割の基準の見直し・遺留分の見直しがありました。平成25年改正では、非嫡出子の相続分に関して嫡出子の相続分の2分の1との規定を削除し、平成30年改正では、短期配偶者居住権・配偶者居住権・自筆証書遺言の方式の緩和・遺産分割制度の見直し・遺留分制度の見直し・相続の効力の見直し・相続人以外の親族について特別寄与料の新設がされました。

　そして、令和3年改正では、相続土地の国庫帰属に関する見直し・相続登記の義務化・遺産分割に関する見直し（遺産共有関係の解消）・遺産分割に関する時的限界（相続開始後10年を超える遺産分割は法定相続分（又は指定相続分）によることになる）の新設・不明相続人の不動産の持分取得と譲渡制度の新設がありました。

◆ 実務で起こりやすいミス

　「戦前の相続」＝「家督相続」として「遺産相続」の場合を見落としたり【⇨**19**参照】、配偶者の相続分について昭和55年改正に気付かずに現行の相続分で計算してしまったりすることのないよう気を付けてください。

164

☑ 相続法に関する主な民法改正

◎法定相続分割合の変遷

配偶者＋相続人		昭和55年改正前	改正後（現行法）	備考
子（直系卑属）	配偶者	1／3	1／2	
	子	2／3	1／2	複数の場合は人数に応じて按分
父母（直系尊属）	配偶者	1／2	2／3	
	父母	1／2	1／3	複数の場合は人数に応じて按分
兄弟姉妹	配偶者	2／3	3／4	
	兄弟姉妹	1／3	1／4	複数の場合は人数に応じて按分

◎うっかりミスの例

①戦前の相続は「家督相続のみ」と考えてしまう

　「家督相続」のほかに「遺産相続」もあります【⇨**19**参照】。家督に関わらない財産の相続については別に規定されていますので、対象遺産を確認するようにしてください。

②昭和55年改正の法定相続分の引上げに気付けない

　昭和55年改正によって配偶者の法定相続分が引き上げられました。昭和年代の遺産分割協議を行う場合には相続開始時に注意してください。

73 相続法と相続税法は混ぜるな危険

◆相続法と相続税法との違い

　遺産分割協議を進めるにあたって、相続人の確定、遺産の評価など
については相続法の規定に従っていれば違法となることはありません。
しかしながら、これが相続税申告事案では必ずしも相続税法その他の
税法に合致するとは限らないことがあります。遺産分割にあたっては
ミスを防ぐためにも税理士との協働作業が必要です。

◆相続人について

　民法の規定では、相続人である養子について人数制限も実子との区
別もありません。しかしながら、相続税法では、養子の数に制限があ
ります。実子がいれば、養子は一人まで、実子がいなければ2人まで
とされています（相続税法15条2項）。

◆死亡保険金の受取り

　死亡保険金の受取りについて、相続人のうちの一人が受取人として
指名されていれば遺産分割の対象とはなりません【⇨**41**参照】。しか
しながら、相続税法では、相続税の課税対象となります（相続税法3
条）。

◆不動産の評価

　遺産分割協議においては、相続人全員の合意があれば不動産の価格
について任意に定めることができます。しかし相続税申告にあたって
は「相続税評価額」に拠るため、その価格差によっては思わぬ税負担
を被ることになりますので注意してください。

☑ 相続事件の税務

◎相続法と相続税法による相続財産の取扱いの違い

	相続法の対象となる財産	相続税法の対象となる財産
対象財産	・相続開始時点の被相続人の財産 ・遺産分割時に現存していること	相続開始時点の被相続人の財産
不動産	遺産分割協議において合意した評価額	相続税評価額（路線価）、その他相続税法の規定に従う
葬儀費用の扱い	相続人全員の合意がなければ対象とならない	葬儀費用のうち一定額は課税遺産から控除可
生前贈与	・原則として遺産分割の対象外 ・「生計の維持」に関わる贈与は「特別受益」として遺産に持ち戻される	相続開始前3～7年以内の贈与や、相続時精算課税制度による贈与は含まれる
死亡保険金 死亡退職金	受取人固有の財産として、原則として遺産に含めない	非課税額を控除した金額を「みなし相続財産」として扱う
住宅ローン、借入金など	原則として法定相続分で相続人全員が債務を負う	課税遺産総額から相続開始時点での残債務額を控除できる

◎相続税額の計算方法

①相続人毎に取得した財産の課税価格を算出

　※上記表の「相続税の対象となる財産」を基本として算出します

②相続人全員の課税価格の合計（正味の遺産額）

③正味の遺産額から基礎控除額を差し引く

　※基礎控除額：3000万円 ＋ 600万円 × 法定相続人の数

④取得財産の割合に応じた納税額を算出する

　※配偶者や相続財産に加算した生前贈与を受けた人などは、税額控除の額を自分の相続税額から差し引いて、最終的な納税額を算出します。被相続人の兄弟姉妹や孫養子など、相続税額が2割加算される人もいます【⇨76参照】。

74 飛び道具にご用心

◆ 被相続人が刀を所持していることも

　被相続人が趣味で日本刀を収集していたり、あるいは先祖代々伝わる日本刀を家宝として大切に床の間に飾っていたりすることがあります。しかしながら、日本刀は銃砲刀剣類所持等取締法で取得や保管について非常に厳しく規制されています。

　一般的な銃砲刀剣類は「公安委員会」の許可なしに所持してはいけません。美術品や骨董品といえる銃砲刀剣類は「教育委員会」に申請・登録なしに所持してはいけません（銃砲刀剣類所持等取締法3条、14条）。日本刀を相続する場合は、所有者変更の届け出を相続から20日以内に行う必要があります（銃砲刀剣類所持等取締法17条）。

◆ むやみに触らないこと

　この手続を取らずにそのままにしておくと相続人は銃砲刀剣類所持等取締法違反として刑事処分を受けることにもなりかねません。また、素人には大変危険なものなので決してむやみに触らないことです。

　誰も相続したくないようであれば、警察署に連絡をした上で、刀剣買取の専門業者に売却・処分について相談するように提案してください。

　日本刀を例に挙げましたが、猟銃などの銃や銃弾も同じです。

✓ 被相続人が刀を所持している場合

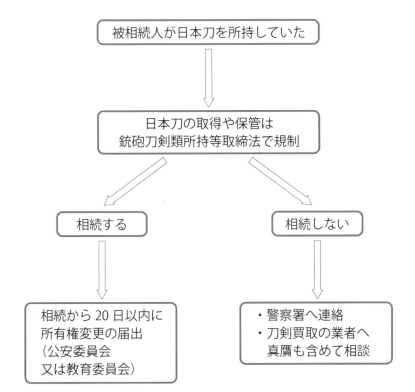

⇒ 日本刀・猟銃・銃弾などは、むやみに触らない。
　相続する場合は20日以内に登録を！

75 漁船の相続は超高速

◆ 漁船は短期決戦

　遺産分割協議は四十九日明け頃から始めるのが一般的です。また、相続放棄の熟慮期間が３か月以内ということもあるので、借入金などがある場合にはこの期間中に十分な財産調査をした上で放棄の有無を検討します。そのため相続するか放棄するのか安易に判断することはできません。

　しかしながら、急いで相続手続をしなければならないケースもあります。その代表例が漁船の相続です。漁船の相続は船の持ち主が死亡した日から１か月以内に相続のための登録手続をする必要があります（なお、漁船以外の小型船舶は15日以内とさらに短期間です）（漁船法18条２項、小型船舶の登録等に関する法律10条）。例えば、父親が漁師で漁船を所有していた場合、亡き父を嗣いで漁師になろうとする子は、１か月以内に漁船の相続のために登録を済ませなければなりません。また、漁師を営むためには、漁船だけでなく「漁業権」も相続する必要があります。漁業権の相続は被相続人死亡の時から２か月以内に手続を済ませておかなければなりません（漁業法80条１項）。文字通り漁船は短期決戦です。

◆ 手続をすると相続放棄ができなくなる

　ただし、これらの手続をすると相続放棄をすることができなくなります。父親が多額の借入れをしていた場合には、その借金についても相続せざるを得ません。わずか１か月で相続放棄の判断を迫られることになりますので、後になって揉めないためにはくれぐれも秘めごとのないよう、日頃から家族間で財産を明らかにしておくよう弁護士としてアドバイスしてください。

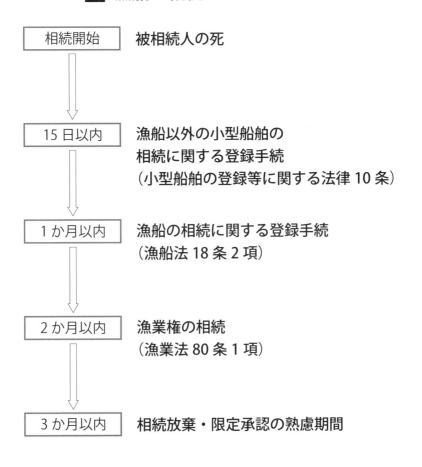

76 孫を養子とした場合の ルールは複雑

◆ 相続税法上の問題点

　被相続人Aには、妻W、子B・Cがいたとします。すでに亡くなっているBには子X、CにもこY がいます。AはYと養子縁組をしています【図1】。

　相続税は相続人の数に基づいて計算をしますので、相続人が多いほど、税額が少なくなるという性質があります。そのため、相続税対策として孫を養子にして相続人を増やす方法をとることがあります。

　しかしながら、相続や遺言で遺産を受け取った人で、被相続人の配偶者、親、子以外の場合、その人は実際の取得割合に応じた算出税額に2割を加算した金額が納税額になります（「2割加算」。相続税法18条1項）。被相続人の兄弟姉妹や、その子（甥・姪）だけでなく、孫（【図1】Y）を養子にした場合も対象となります。

　代襲相続人として孫（【図1】X）が相続する場合は、2割加算の対象とはなりません。Cが既に死亡していた場合、Yは養子であっても2割加算の対象外になります。

◆ Yが代襲相続をした場合の問題点

　また、Cが既に死亡していた場合、YはCの代襲相続人とAの養子の二つの地位があります。法定相続分に従えば、Wは1／2、Bは1／6、代襲相続人としてのYは1／6、養子としてのYは1／6となり、Yは二重の資格を有することで、Bの倍の遺産を取得できることになります。そのためCがAより後に死亡した場合と比べて有利にならないかという疑問が生じますが、この場合は、養子として1／6、Cの相続人として1／6を取得するので同じ結論になります。

☑ 孫を養子とした場合の2割加算

◎図1　家族関係

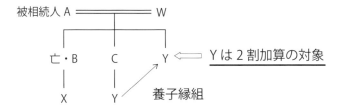

◎図2　相続税額の2割加算の対象となる相続人の範囲

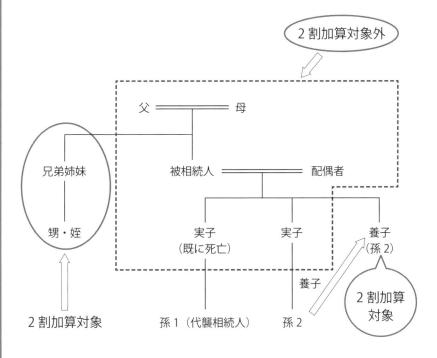

孫1：代襲相続人となった場合は2割加算不要
孫2：実子が生存しているので2割加算

77 死亡の順番によっては代襲相続できない

◆ 事例1

　被相続人Aには、実子Bがいます。AはさらにCを養子にしました。CにはAとの養子縁組前に生まれていたX1がいました。その後Aが死亡し、ついでCが死亡しました。

　養子縁組の効果として、養子は養親の嫡出子としての身分を取得しますので、実子も養子も相続人として異なる扱いはありません。よって、Cは実子Bと同じくAの相続人となります。

　以上より、事例1ではCが死亡したことによりX1が相続人となりますので、Aの遺産分割が未了であれば、X1はCの相続人としてBと遺産分割をすることになります。

◆ 事例2

　被相続人Aには、実子Bがいます。AはさらにCを養子にしました。CにはAとの養子縁組前に生まれていたX2がいました。その後Cが死亡し、ついでAが死亡しました。

　事例2もX2はCの相続人ですので、A死亡前にその相続人であるCが先に死亡したのであれば、Cを代襲してAを相続できそうです。しかし、この場合は、X2は代襲相続ができません。というのは、養子縁組の効果として、養子と養親及びその血族との間に血族関係が生じますが、養親と養子の血族との間に血族関係は生じません（民法727条）。したがって、X2はCの子ですが、Aの直系卑属ではありませんので、代襲相続できないのです（民法887条2項ただし書）。代襲相続人になるのは右頁参考例のX3のような養子縁組後に生まれた場合です。相続人の子だからといって当然に代襲相続ができるわけではありません。

174

✅ 死亡の順番によっては代襲相続できない

◎事例1　X1は代襲相続できる

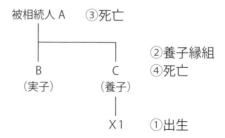

◎事例2　X2は代襲相続できない

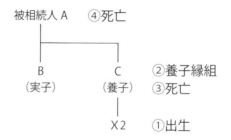

◎参考例　X3は代襲相続できる

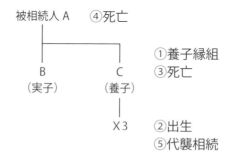

＊　①②③……は時系列

78 特別受益者の範囲は広い

◆ 事例1

　特別受益者の範囲は思ったより広いです。被相続人Aが死亡し、子B・C・Dが相続人となるところ、A死亡の3年前にBが先に死亡していました。Bには子Xがいました。Bは生前にAから結婚生活援助名目で1000万円の資金援助を受けていました。

　この場合、子Xは代襲相続人として被代襲者Bの特別受益による持戻し義務を引き継ぐことになります。

　代襲相続は被代襲者に変わって相続人となるものですから、被代襲者が相続時に生存していたならば置かれていたであろうよりも有利な地位に立てるものではありません。

　したがって、代襲者Xは1000万円について持戻し義務を負うことになります。なお、代襲者が被代襲者から学資援助を受けていた場合には、遺産の前渡しには該当しませんので、持戻し義務は生じないことになります。

◆ 事例2

　被相続人Aは、妻Wと子B、Cがいました。Aは妻Wとの婚姻中にYと不貞関係にありました。妻Wと離婚後にYと再婚しました。Aは前妻との離婚前にYにマンションの購入資金として3000万円を贈与しました。

　通説の立場からは、特別受益の持戻し制度の趣旨が、共同相続人間の公平の維持にあることからすれば、受益者は相続開始時に相続人であれば足りるので、受益の時期にかかわらず持戻しの対象と考えられています。したがって、Yは3000万円について持戻し義務を負うことになります。

☑ 特別受益者の範囲は広い

◎事例1　代襲者Xは持戻し義務を負う

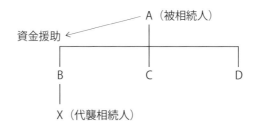

X の相続分
＝ ｛(相続開始時の A の財産 ＋ 資金援助額) × 1／3｝
－ (資金援助額)

(持戻し)

◎事例2　再婚の妻Yは持戻し義務を負う

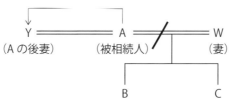

Y の相続分
＝ ｛(相続開始時の A の財産 ＋ マンション購入資金) × 1／2｝
－ (マンション購入資金)

(持戻し)

79 所有権移転登記は ショートカットできる

◆ 事例

　被相続人Aの共同相続人B、C、D、Eのうち、B、C、Dが相続分をEに譲渡し、直接E一人を相続人とする不動産相続登記を申請したとします【図1】。

◆ 中間省略登記が認められる場合

　不動産登記手続は、権利変動の過程を忠実に公示する必要がありますので、例えば、X名義の不動産をYに譲渡しYがさらにZに譲渡した場合には、中間者であるYを省いてX→Zと登記すること（中間省略登記）は認められません。しかしながら、上記事例の場合には、被相続人Aから直接相続人Eへの相続登記申請をすることが認められています【図2】。

　共同相続人間に相続分の譲渡があったときは、遺産全体に対する譲渡人の割合的持分が譲渡人に移転し、譲受人は、従前の相続分と新たに取得した相続分とを合計した相続分を有することになります。事例におけるEはB、C、Dから各4分の1を譲り受けることで自己の相続分4分の1に加えて計4分の3を取得し、相続分全部を取得したことになります。したがって、被相続人Aから相続人Eへの相続登記は実体を反映した登記になるので、中間省略登記には当たりません（昭和59年10月15日民三5196民事局第三課長回答・先例集追Ⅶ449頁）。

　右頁図3のように被相続人Aから共同相続人名義に相続登記して、さらにB・C・DがEへの所有権移転登記をする必要はありません。このような登記をすると、B・C・DからEへの譲渡は贈与に該当するので贈与税やさらなる登記費用の負担が生じます。

178

✅ 所有権移転登記はショートカットできる

◎図1　B、C、Dが相続分をEに譲渡

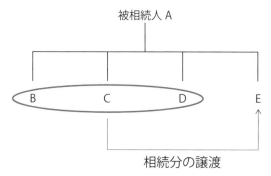

◎図2　図1はAからEへの不動産相続登記ができる

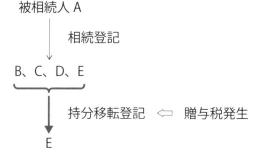

80 遺産の無償使用が特別受益にあたる場合

◆ 事例

　被相続人Aには、子X、Yがいました。XはA名義の土地上にAの承諾を得て自宅を建て、その土地を無償で使用しています。Yは、Xによる土地使用は使用貸借であるから、その使用貸借権は「特別受益」になること、及び地代相当額も「特別受益」になると主張しています。

◆ 解説

　まず、使用借権について、XはA名義の土地を承諾を得て無償で使用していますので、事例の土地は使用貸借権が設定された土地です。使用借権付の土地は売却することが事実上難しいために更地価格の1〜3割程度減価されて評価されています。そのため、当該土地に使用借権を設定された相続人は「土地使用借権相当額」について「特別受益」を受けたと考えられることになります。

　次に地代相当額について、使用借権の設定された土地をXが無償で使用していたことから「地代相当額」は特別受益になるとも考えられそうです。

　しかしながら、使用期間中の使用による利益は、「使用貸借権の価格の中に織り込まれていると見るのが相当であり、使用貸借権のほかに更に使用料まで加算すること」はできないとされています（東京地判平成15年11月17日家月57巻4号67頁）。

　Yの主張に対する回答としては、使用貸借権は「特別受益」に該当するが、地代相当額は「特別受益」として持戻しする必要はないとなります。

✅ 遺産の無償使用は特別受益にあたる可能性あり

◎事例の図

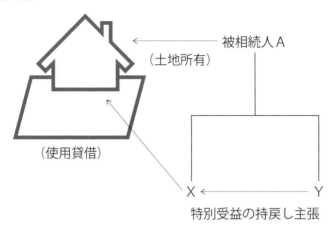

◎地代相当額はAの相続財産に含まれない

Xの相続分
　＝ ｛（Aの相続財産）× １／２｝－（土地使用借権相当額）

Yの相続分
　＝ （Aの相続財産）× １／２

81 遺産の無償使用に関する その他の問題

◆ 事例1

　被相続人Aには、子X、Yがいました。被相続人Aは自宅とは別に建物を所有していました。その建物に無償で相続人Xが住んでいました。相続人Yは、相続人Xの建物使用は特別受益に該当すると主張しています。

　建物は居住等により使用されるものですので、使用することで評価が減価されることはありません。貸家を相続人に無償で居住させた場合には、賃料相当額が「特別受益」と評価することができるかもしれませんが、被相続人が恩恵・情宜で使用させている場合も考えられます。死亡後に家賃相当額を支払えという意思を推定するのは困難です。特別受益に該当するとしても「持戻しの免除」の意思表示があるものとするのが適当と考えます。

◆ 事例2

　相続人Xは、被相続人A名義の建物にAと同居していました。

　相続人Yは、相続人Xは家賃も払わずに成人後も建物に住んでいるから、建物使用は特別受益に該当すると主張しています。

　建物はA名義ですので、相続人Xは占有者ではなく単なる占有補助者です。したがって、独立の占有権原が認められませんので、「特別受益」には該当しません。相続人が被相続人と同居していた場合には、被相続人の強い希望によってされていた場合や、被相続人が高齢で介護をするために同居していた場合もあります。

　同居していることが相続人の利益のためと単純にはいえませんので、「特別受益」を認めることは原則としてできないでしょう。

✅ 遺産の無償使用に関するその他の問題

事例1　被相続人の持戻し免除の意思表示があると考える

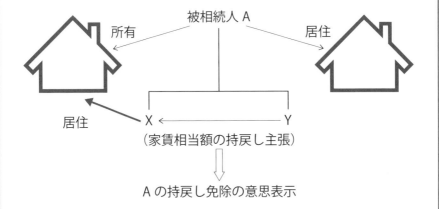

事例2　同居していてもXは特別受益者にあたらない

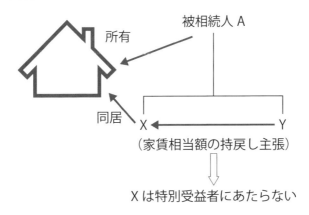

82 遺言執行者の存在を 確認してから始めよう

◆遺言執行者の存在に注意

遺言で遺言執行者が指定されていると、相続人は自由に遺産を処分することできません。遺言書がある場合には遺言執行者指定の有無を確認するようにしてください。

遺言者（被相続人）は、遺言により、遺言執行者の指定、又は第三者への指定の委託を行うことができます（民法1006条1項）。

遺言執行者は、遺言の内容を実現するために、相続財産の管理その他遺言の執行に必要な一切の行為をする権利義務を有します（民法1012条1項）。遺言執行者は遺言者の意思を実現するために職務を遂行することになりますので、相続人の利益を考慮して執行をする必要はありません。

◆相続人との関係

相続人は遺言執行者が就任している場合には、遺産分割協議も含めて相続財産を処分することはできません。相続人が遺言執行を妨害して行った行為は、原則として無効となります（1013条1項、2項本文）。

遺言執行者の解任が認められるのは、その任務を怠ったとき、その他正当な事由があるときに限られています（1019条1項）。遺言執行者と相続人との間で遺産の処分に関して争いが生じたとしても、遺言執行者が優先されます。両者で意見が対立したとしても、相続人はそのことだけで家庭裁判所に遺言執行者を解任するよう求めることはできません。

☑ 遺言執行の流れ

遺言執行者への就任

↓

就任・遺言書の写しを各相続人へ通知

↓

相続人・相続財産調査

↓

相続財産目録の作成・交付

↓

遺言事項の執行

主な執行事項
・推定相続人の廃除・取消し
　（民法 893、894 条 2 項）
・遺贈（民法 964、1012 条）
・認知（民法 781 条）
・祭祀承継者の指定（民法 897 条）

↓

完了報告

83 遺産分割で得た土地に廃棄物が見つかることも

◆相続した土地のトラブル

　被相続人Aが死亡し、子X・Y・Zが相続しました。遺産分割協議の結果、Xが甲土地を、YとZは預貯金を取得することになりました。

　ところが、遺産分割協議が成立した後に、甲土地に浄化槽や建設廃材などの廃棄物が埋設されていることが判明しました。

◆解決方法

　埋設物がない土地であることを前提に売買をした場合には、買主は売主に対して、契約不適合責任を問うことができます（民法561条以下）。遺産分割協議によって取得した遺産に不適合があった場合にも、各共同相続人は、他の共同相続人に対して、売主と同じく、その相続分に応じて担保の責任を負うとされています（民法911条）。

　XのYやZに対する責任追及としては、甲土地に廃棄物が埋設されていたことにより土地評価額が下がったのであれば、その差額を賠償金として請求することが考えられます。あるいは廃棄物を撤去するための処分費用を賠償金として請求することも考えられます。

　なお、契約不適合責任については、民法566条において買主は売主に対して、不適合を知った時から1年以内に通知しなければならないと規定されていますので、遺産分割においてもこの期間制限に注意する必要があります。

　遺産分割後のトラブルを防ぐためにも協議をまとめる前に現地を見に行って確認するなどの対策を取るようにしてください。

✅ 相続した土地から廃棄物が見つかった場合

◎遺産分割協議成立後に甲土地の廃棄物が判明

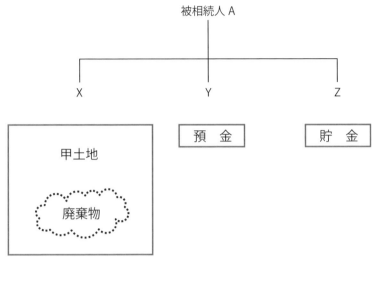

◎XはYとZに損害賠償請求できる

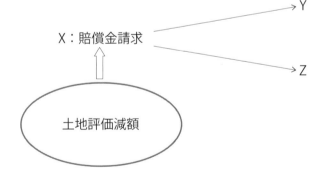

84 債権を相続したが債務者が破産した場合

◆ 相続した債権のトラブル

　被相続人Aが死亡し、子X・Y・Zが相続しました。遺産分割協議の結果、XはAのBに対する900万円の貸金債権、Yは乙土地（評価額1200万円）、Zは預貯金（900万円）をそれぞれ取得することになりました。ところが、遺産分割協議が成立した後に、Bは破産してしまいました。そのため、Xが取得した貸金債権も回収不能となりました。

◆ 解決方法

　民法569条によれば、「債権の売主が債務者の資力を担保したときは」担保責任を負うとされており、債務者の資力を保証する旨を約束するなどした場合等に限定して売主の責任を規定しています。これに対して、相続の場合には、「各共同相続人は、債務者の資力を担保する」と規定して、債権売買と異なり売主の責任を限定していません（民法912条）。各共同相続人は責任を免れませんので、相続分に応じて回収不能となった債権について負担することになります。

　本事例では、回収不能となった900万円について、遺産分割協議による具体的な相続割合（X：Y：Z＝3：4：3）に応じて按分することになりますので、XはYに対して360万円、Zに対して270万円を請求することになります。また、残りの270万円はXの相続分に対応する金額ですからXの自己負担分となります。

　遺産に債権が含まれている場合には債務者の資力をよく確認する必要があります。

☑ 債権を相続したが債務者が破産した場合

◎遺産分割協議が成立した後にBが破産

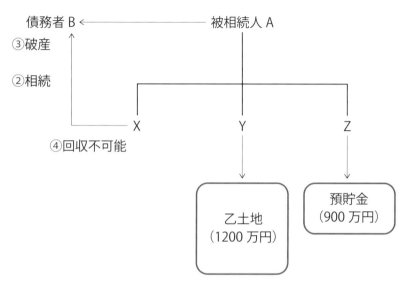

◎回収不能となった900万円は相続割合に応じて按分

〈各自の相続割合〉
　X：Y：Z ＝ 900：1200：900
　　　　　 ＝ 3：4：3

〈各自の負担割合〉
　Y：360万円 ＝ 900万円 × 4／（3＋4＋3）
　Z：270万円 ＝ 900万円 × 3／（3＋4＋3）
　X：270万円 ＝ 900万円 × 3／（3＋4＋3）⇐ 自己負担

85 代襲相続のせいで 二度の相続放棄が必要

◆ 事例

　被相続人Aには、子Xがいました。Aには多額の借金があったために子Xは相続を放棄しました。Aの親は既に死亡していたために、Aの兄弟であるB、Cが次順位の相続人になります。Bは独身で、Cには子Dがいますが、CはAよりも前に死亡していたために、Cの子DがAの相続について放棄をしました。BはAの後を追うように死亡しました。Aの相続を放棄したにもかかわらずAの債権者Zから子Xに対して借金を返済するよう請求がありました。

◆ 解説

　まず被相続人Aの相続関係を整理します。Aの子Xは相続放棄をし、Aの親も既に死亡していることから第三順位の兄弟BとCが相続人になります。しかしながら、CはAよりも前に死亡していますので、Cの子Dが代襲相続人になりますが、Aの相続について放棄をしています。したがって、BがAの唯一の相続人になります。BはAの相続について放棄する間もなく亡くなったために、Aの借金を相続することになります。

　Bも死亡し、Bには子もいませんので、Bの相続人は兄弟であるAの代襲相続人であるXとCの代襲相続人Dとなります。既に相続放棄をしたはずのXもDもこのままではAの借金を返済せざるを得ません。債権者Zに対する借金の返済を免れるためには、XとDはBの相続についても放棄する必要があります。既に相続放棄したからといって安心できません。おじ・おばとの関係性にも注意が必要です。

190

✅ 代襲相続のせいで二度の相続放棄が必要

◎時系列と事案図

〈時系列〉
① C死亡
② 被相続人A死亡
③ X、相続放棄
④ C代襲相続人D、相続放棄
⑤ B死亡
⑥ ZがXに返済請求

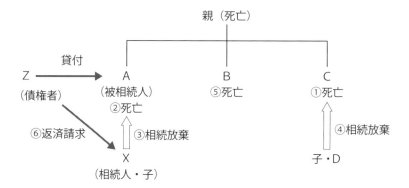

◎XとDはBの2つの相続について放棄する必要がある
① Xの相続放棄により、次順位者B、Cが相続人となる
② Cは既に死亡しているためにDが代襲相続人となる→相続放棄
③ Bが死亡したとき、BのA相続分について、
　　XとDがそれぞれ代襲相続
　　∴XとDとは、Aの相続債務（Zからの借金）を承継する

XとDはBの相続について放棄する必要あり

86 デジタル遺産を放置しない

◆ デジタル技術に関する理解が必要

　これまでは遺産分割協議においてデジタル遺産（右図表参照）を取り扱うことはほとんどなかったと思いますが、さらにデジタル技術の利活用が進んでいきますので、取り扱う場面が増えてくることが予想されます。このようなことに備えて、デジタル遺産を取り扱うためにもデジタル技術に関する最低限の知識をアップデートして行く必要があります。

◆ デジタル遺産の適切な扱い

　被相続人がパソコンやスマートフォンを生前から使っていた場合には、デジタル遺産を放置しないように提案してください。

　パソコンやスマートフォンにデータが保存されていれば、データが消失するおそれは少ないので直ちに実害が生じることはありません。しかし、これら機器を適切に処分しないと保存されていたデータを不正に利用されるおそれがあります。

　オンラインのデジタルデータ、例えば暗号資産であれば、相続税法上は申告対象となるところ、放置すると、無申告に当たるので税法上の問題が生じます。Web アカウントを長期間使用しないと当該 Web が閉鎖されたり、アカウントが乗っ取られて、犯罪行為に利用されたりするなど悪用される可能性もあります。また、インターネット上の広告手法であるアフィリエイトアカウントについては、適切な Web サイトの管理が契約上義務付けられていますので、賠償問題が生じることもあります。これらの事態は相続人としても避けたいので、放置することのないようにアドバイスをしてください。

✅ デジタル遺産を放置しない

◎デジタル遺産のイメージ

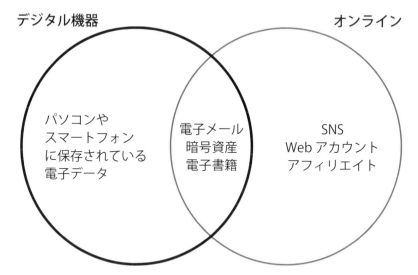

◎デジタル遺産の問題点

① 相続人がその存在に気付かない。
② IDやパスワードがわからないとアクセスすることができない。顔認証や指紋認証、二段階認証といった複雑な設定をされている場合はよりアクセスが困難となる。
③ 被相続人が音楽や動画などの有料サービスを定額利用契約(サブスクリプション)していた場合は解約されないまま課金が継続されてしまう。
④ 相続時においては、名義変更や解約など、オンライン上で手続きを完結しなければならないケースが多く、相続人にデジタル遺産に関する知識が必要な場合がある。

87 デジタル遺産を きちんと調査する

◆ デジタル遺産の調査方法

　デジタル遺産を放置しないようにするためには、まずはこれら遺産を調査する必要があります。

　具体的には、パソコンやスマートフォンといったデジタル機器を調査する必要があります。

　また、オンラインのデジタルデータの調査も必要です。

　各インターネット上のアプリ、Web ブラウザのブックマークや履歴、電子メールの送受信履歴などからデジタルデータの所在や保存状態を確認することになります。

　電子マネー取引の法的構成については確立されたものがありませんが、債権としての存在は否定できませんので相続の対象と考えることになります。

◆ 調査における問題点

　パソコンやスマートフォンを利用する際にはセキュリティの関係から、パスワードが設定されていることがほとんどです。パスワードを相続人が知らないことにはデジタル遺産の存在すら把握できません。パスワードがわからない場合には、専門の業者に依頼してパスワードの解析・解除するという方法もありますが、それでも解析・解除できないこともあります。亡くなる前に相談を受けたときは、このようなことに備えて被相続人が生前から相続人にデジタル遺産の存在やID・パスワードを教えたり、あるいは遺言書に記載して円滑に相続できるようにしておくようアドバイスしてください。

　最後に求められるのは「アナログ」です。

☑ 主なデジタル遺産の特徴

種　類	具　体　例	概　要
金融機関口座に預けた資産	ネット銀行口座の資産 ネット証券口座の資産	・入出金等の取引をオンラインで行う口座に預けた資産 ・紙媒体の預金通帳ではなく Web サイトや専用アプリで残高を確認する ・閲覧するためには ID やパスワードによる解除が必要
	暗号資産	・法定通貨ではないが、インターネット上で財産価値を交換できる仮想通貨や資産 ・閲覧するためには ID やパスワードによる解除が必要
電子ポイント	クレジットカードのポイント 電子マネーのポイント 各種会員カードのポイント	・クレジットカードなど各種サービスを利用したときに付与されるポイント ・相続の可否は利用規約による
著作物	Web サイト 動画 電子書籍	・著作権等の知的財産権 ・相続の可否は利用規約による ・アフィリエイトアカウントについては管理義務が発生する可能性あり ・死後も解約するまでは毎月一定額が銀行口座から引き落とされる可能性あり

＊ ID やパスワードが不明の場合には相続できない可能性もあるので、生前から相続に備えた対策が必要

88 保有期間までは引き継げない（株主番号が変わる!?）

◆ 長期保有株主優遇制度とは

　長期保有株主優遇制度とは、一定期間以上の株式保有によって優待内容がアップグレードするというものです。株式を長く持つことで、もらえる商品やサービスの換算金額がアップしたり、優待品の数量が増えるという「もらって嬉しい株主優待」です。この優遇を得るためには3年以上継続して保有していることが条件となっている場合が多いです（企業ごとに異なりますのでホームページを参照してください）。

◆ 名義書換の時期に気をつける

　相続は被相続人の財産を承継するので、株式の場合も被相続人の保有期間を引き継げるのではないかと思うかもしれませんが、相続手続をすることによって株主番号が変わってしまいます。株式は株主番号で管理していますので、この番号が変わってしまうと保有期間もリセットされてしまいます。

　つまり、相続によって名義を換えた時点で長期保有も切れてしまいます。仮に10年以上も超長期保有していても名義書換した瞬間に新規保有と同じ扱いになってしまいます。株主優待は予め定めてある基準日に株式を保有していた株主に対して行いますので、基準日よりもわずか1日早く名義書換をしてしまうと長期保有株主としての恩恵を全く受けられません。長期保有株式を相続するときには、基準日に十分注意して書換手続を取るようにしてください。

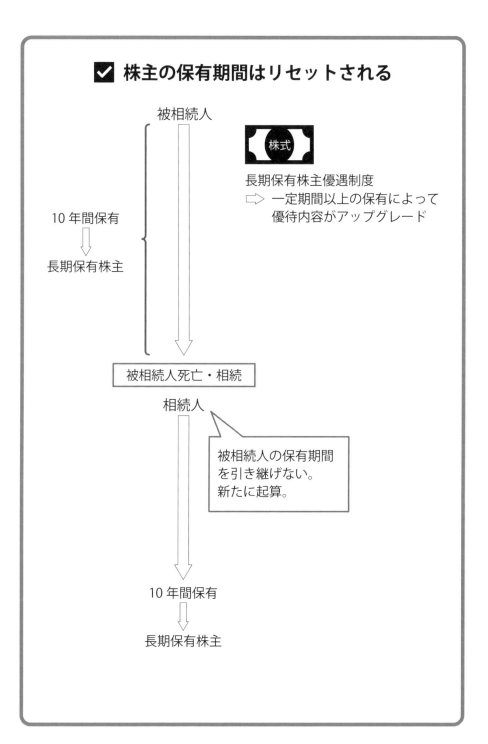

89 非上場株式の相続は非常に非情

◆非上場株式の特殊性

　上場株式であれば取引相場もあり評価も相続手続も簡単ですが、非上場株式はこのように簡単にできるものではありません。黒字会社だから、あるいは生前から高配当を得ているから安心というわけにはいきませんので、注意してください。

◆非上場株式の評価

　非上場株式の評価方法には次のようなものがあります。
　①純資産評価方式
　②収益還元方式
　③配当還元方式
　④類似業種比準方式
　評価額に争いがある場合には、公認会計士による鑑定で決めることになりますが、相応の費用が掛かります。

◆非上場株式の相続手続

　非上場株式でも譲渡は可能です。ただし、非上場株式は経営層や深い関係性を持つ企業や個人が所有することが多く、あえて流通性を持たせない目的で上場していない企業も少なくありません。そのため、譲渡に際しては、個人間取引を行わなければなりません。また、定款に譲渡制限についての規定が設けられており、株式譲渡に際しては株主総会や取締役会などの承認が必要とされることも少なくありません。
　評価方法も相続手続も容易ではなく、相続人にとって非上場株式は辛苦に値する「非常に非情な株式」です。

☑ 非上場株式の評価は難しい

◎非上場株式の評価方式

評価方式	評 価 方 法
①純資産評価方式	相続発生時の会社の資産や負債をもとに株式を評価する方法
②収益還元方式	将来獲得すると予想される１年分の税引後利益を、資本還元率という特殊な数値で還元して、株価を算定する方法
③配当還元方式	会社から受け取った配当金の額をもとにして評価額を算定する方法
④類似業種比準方式	当該会社と同業種の株価等を参考に評価額を算定する方法

◎会社の形態による評価方法

会社の形態	支配権の有無	評価方法
同族会社	支配権あり	①純資産評価方式 ②収益還元方式 ④類似業種比準方式
	少数株主	③配当還元方式
同族会社以外		③配当還元方式

◎会社規模による評価方法

会社区分	評価方法
大会社	④類似業種比準方式
小会社	①純資産評価方式
中会社	①④併用

＊会社区分は国税庁ホームページ参照

90 特殊な相続財産に気をつける

◆ 著作権・特許権・商標権

　著作物は著作権法で保護されています（著作権法2条1項1号）。財産権としての著作権と著作者人格権とがあり、前者が相続の対象となります。著作権者が死亡して相続人がいない場合には、保護期間（死後70年）内であっても著作権は消滅しますので注意してください。

　第三者に著作権を相続したことを対抗するためには、相続により移転したことを登録する必要があります（民法899条の2第1項、著作権法77条1号）。著作者人格権は相続の対象ではありません（著作権法59条）が、遺族は著作者死亡後であっても人格的利益を保護される権利を行使できます（著作権法116条1項）。

　特許権や商標権も相続の対象となりますので、特許庁に対して相続による名義移転手続をする必要があります。

◆ 湯口権

　温泉を利用しようとすれば、温泉が湧いている土地を取得するか、温泉を汲み上げる権利（湯口権）や温泉を引き込む権利（引湯権）を取得することになります。湯口権や引湯権も財産権ですので相続の対象となります。土地のような登記制度がないために、明認方法（引湯管に権利者名を明示するなど）を施したり、自治体（大分県など）独自に管理している温泉台帳に登録したりするなどして権利の保護を図っています。相続した者は地域の実情に合わせて権利を承継取得したことを明示・登録しておく必要があります。

☑ 特殊な相続財産に気をつける

◎知的財産権の相続

		財産権としての著作権 例）複製権、譲渡権、翻案権、 　　二次著作物利用権等	相続の対象
著作権	著作者の権利	著作者人格権 例）公表権、氏名表示権、 　　同一性保持権等	相続の対象外
特許権			相続の対象
商標権			相続の対象

◎特許権・商標権の消滅原因

	消滅原因
特許権	・特許出願の日から20年 ・毎年の特許料を納付しないこと ・相続人がいないこと
商標権	・設定登録の日から10年 ・毎年の登録料を納付しないこと ・相続人がいないこと
意匠権	・設定登録の日から25年 ・毎年の登録料を納付しないこと ・相続人がいないこと

◎著作権の評価

（年平均印税収入額） × 0.5 × 評価倍率

＊国税庁ホームページ参照

コラム5

5月5日に思ふこと

　養子縁組は、養親と養子との間に法律上の親子関係を作り出す制度です。
　縁組後も実親子関係が存続する「普通養子縁組」と、縁組により実親子関係が終了する「特別養子縁組」の2つがあります。特別養子縁組は子どもの福祉のための制度です。
　ひるがえって江戸時代には「お家存続」のための養子制度がありました。武家には世継ぎがいないと「お家断絶」という武家相続の法があったので、世継ぎを得られないまま危篤状態に陥った場合、取り急ぎ「跡目養子」のあることを申し出ることによってお家断絶を免れる、その制度を「末期養子」といいます。
　しかしながら届け出る前に亡くなってしまった場合、ここは決して慌てず、まだ息があることを装い、にわかに手続を済ませていました。実情を知る幕府も大目に見ていたようです。幕府の慈悲はありがたいものの、まごうことなく石高を減らされてしょんぼりです。いやはや、それでも「お家があればこそ！」なのでしょう。
　話は続きます。世継ぎのない当主自らが認めて評価した者を相続人にしたいと願い出る「御目曲尺養子」という制度もありました。目上の人に評価されたりすることを「お眼鏡にかなう」と言いますね。曲尺で推し量り思いを汲んで気遣いができる「御目曲尺養子」、お家安泰の期待大です。
　いにしへから現代、紆余曲折の養子制度ですが、いずれにしても子ども達が健やかに育ってくれるのが何よりですね。

202

〈著者紹介〉

藤代浩則 （ふじしろ・ひろのり）
藤代法律事務所

1994年　司法試験合格
1997年　弁護士登録（千葉県弁護士会）

〈主要著書（共著）〉
『失敗事例でわかる！　民事尋問のゴールデンルール30』(学陽書房、2023年)
『失敗事例でわかる！　離婚事件のゴールデンルール30』(学陽書房、2021年)
『行政手続実務大系―適正手続保障を実現する実務と書式』(民事法研究会、2021年)
『行政書士のための要件事実の基礎［第2版］』（日本評論社、2020年）
『行政書士のための行政法［第2版］』（日本評論社、2016年）
『慰謝料算定の実務』（ぎょうせい、2002年）
「条文の読み方（解釈）について」(『税経新報』713号25頁)
「信託と遺留分に関する裁判例の紹介」(『税経新報』716号46頁)

法律実務ですぐ使える！
図解まるわかり遺産分割

2024年9月26日　初版発行

著　者　　藤代浩則
ふじ しろ ひろ のり

発行者　　佐久間重嘉

発行所　　学陽書房

〒102-0072　東京都千代田区飯田橋1-9-3
　営業／電話　03-3261-1111　FAX　03-5211-3300
　編集／電話　03-3261-1112　FAX　03-5211-3301
　http://www.gakuyo.co.jp/

DTP制作・印刷／精文堂印刷　製本／東京美術紙工
ブックデザイン／佐藤 博
©H. Fujishiro 2024, Printed in Japan
乱丁・落丁本は、送料小社負担でお取り替え致します。
定価はカバーに表示しています。

JCOPY 〈出版者著作権管理機構 委託出版物〉
本書の無断複製は著作権法上での例外を除き禁じられています。複製される場合は、そのつど事前に、出版者著作権管理機構（電話03-5244-5088、FAX 03-5244-5089、e-mail：info@jcopy.or.jp）の許諾を得てください。

ISBN 978-4-313-31427-6　C3032

◎好評既刊◎

上手い尋問と下手な尋問の違いとは？

経験豊富な弁護士が持っている30の暗黙知！ 「主尋問」「反対尋問」「陳述書」「専門家質問」「異議の出し方」などの様々な失敗事例を基に、失敗の原因と、効果的な尋問例を解説！

失敗事例でわかる！
失敗事例でわかる！
民事尋問のゴールデンルール30

藤代浩則・野村 創・野中英匡・城石 惣・田附周平 [著]
A5判並製／定価3,300円（10%税込）

◎好評既刊◎

弁護士が知っておきたい、離婚事件30の鉄則！

「調停で依頼者のために相手方のモラハラを伝える場面」「面会交流の具体的な方法を定める場面」「婚姻費用や養育費が争われる場面」等で、弁護士がやりがちな失敗を基に実務を解説！

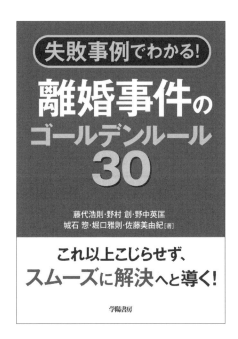

失敗事例でわかる！
離婚事件のゴールデンルール30

藤代浩則・野村 創・野中英匡・城石 惣・堀口雅則・佐藤美由紀［著］

A5判並製／定価2,750円（10%税込）

◎好評既刊◎

モデル事例でわかる、遺産分割までの8ステップ！

相続法の基礎知識だけでなく、相続人との交渉のポイント、税務や登記を踏まえた総合的解決など、ノウハウを幅広くカバー！ 相続登記義務化の時代、実務家必携の1冊！

多数の相続人・疎遠な相続人との遺産分割

狩倉博之［著］
A5判並製／定価3,630円（10%税込）